赢在执行

员工版
（第2版）

余世维◎著

北京联合出版公司
Beijing United Publishing Co.,Ltd.

图书在版编目（CIP）数据

赢在执行：员工版 / 余世维著. — 2 版. —北京联合出版公司，
2012.6（2022.05重印）

ISBN 978-7-5502-0690-8

Ⅰ.①赢… Ⅱ.①余… Ⅲ.①企业管理–研究 Ⅳ.①F270

中国版本图书CIP数据核字（2012）第085761号

赢在执行·员工版（第2版）

作　　者：余世维

出 品 人：赵红仕

选题策划：北京时代光华图书有限公司

责任编辑：喻　静

特约编辑：于海岩

封面设计：上尚设计

版式设计：曾　放

责任校对：高志红

北京联合出版公司出版

（北京市西城区德外大街83号楼9层　100088）

北京时代光华图书有限公司发行

北京雁林吉兆印刷有限公司印刷　　　　新华书店经销

字数157千字　　787毫米×1092毫米　　1/16　　12印张

2012年7月第1版　　2022年5月第3次印刷

ISBN 978-7-5502-0690-8

定价：42.00元

目录

第一章　执行力决定企业生死存亡

> 提高执行力，就是要树立一种严谨些、再严谨些，细致些、再细致些的工作作风，改变心浮气躁、浅尝辄止的毛病，以精益求精的精神，不折不扣地执行好各项重大战略决策和工作部署，把小事做细，把细节做精。

第二章　打造高效执行的员工

> 作为一个有竞争力、有执行力的员工，在从事一项工作的时候，要一边做一边思考，问自己这样做是最好的方法吗，有没有更好的方法，别人是不是做得更好，做得更好的人是怎么做的。只有通过不断思考、改进、吸收借鉴、果敢行动，才能让自己不断前进，进而推动企业不断走向成功。

第三章　工作态度决定执行力

工作态度不同，决定了结果的不同。执行力并不是工具，而是工作态度。工作态度好的人，执行力就强；工作态度差的人，执行力肯定无法令人满意。

第四章　执行就是将目标逐个落实

执行是将目标进行分解、逐个落实的过程，没有好的执行，再完美的目标也是空中楼阁。任何目标都不会自动实现。我们经常提出一些远大的目标，但因为没有分解，没有细化到每一天、每一件事情或者每一个过程里面，这个目标总是显得模糊不清。

第五章　沟通让执行更有效

在企业内，这样的障碍无处不在，只有扫除这些障碍，推倒阻隔部门沟通的壁垒，才能使员工在工作执行中顺畅自如，提高执行效率。执行力强的员工有主动沟通的习惯，这样可以加强部门间的合作，加快项目进度。

第六章　提高职业化，提速执行力

人性的弱点决定了这样的结果：领导不要求，员工就不会有想法。因此，无论是普通员工，还是各层级的管理者，都要不断改善自己，提升自己的能力。

第七章　形成团队执行合力

每个人都想待在一个大公司里，但你是否在公司的发展建设中贡献了自己的力量？只有你时刻把"这是我们的公司"放在心里，你所做的一切才有方向感和使命感，你的执行力才会发挥出最大的效力。

　　《赢在执行》第一次出版是在 2005 年，我很欣慰有很多读者朋友喜欢这本书，也有很多企业和政府机构集体订购，还有不少的单位邀请我去给干部和职工讲这门课程。

　　我曾经问过很多朋友，我讲了这么多课，让他们印象比较深刻的是哪个课程，他们经常提起《赢在执行》；很多人听过我的课，最喜欢而且最常常提起来的也是《赢在执行》。

　　这些说明什么？说明执行力无处不在，说明很多企事业单位的执行力不佳，员工的执行力亟待提升，单位领导或管理者已经意识到执行力欠缺带给组织的严重后果。

　　执行力并不是一个新的概念，但中国古书上没有这个词，它来自英文execution。中国人通常强调的是贯彻、贯彻力度，其实这些词意思是完全一样的。国务院作报告，第一次出现执行力这个词，是在 2006 年 3 月。报告上面写得很清楚，"建立健全问责制度，提高政府执行力和公信力"。可见，中央在推动政府工作的时候，也发现到最后就涉及执行力的问题。什么东西都是执行不下去、执行不到位。

　　就执行而言，"决战在基层，决胜在中层，战略在高层"。换言之，在一个组织中，做什么事情是战略，怎么做事情是执行。在某种程度上，战略当然比执行更重要，但在更大程度上，执行比制定战略更困难。这也许是《赢在执行》在上至企业老总下至一线员工中引起共鸣的原因所在。

　　《赢在执行·员工版》出版以来，在企事业单位和广大读者中引起了强烈反响，每年都有很多单位将这本书作为培训教材。同时也给我们提出了一些反馈意见。我综合了这些意见和建议，并补充了近年来一些新的管理理念、方法、案例，对《赢在执行·员工版》进行升级，目的是提供更多、更实用的技巧和方案，进一步提升企业、政府机关的执行力。

本书尽可能通过讲故事的方式，使案例更加丰富生动，便于读者理解和记忆，同时有利于企事业单位的执行。其后续的效益，不管是体现在有形的经济上还是无形的思想上，都是"执行力"产生的作用。

作为管理者，送给员工生日蛋糕，对于他们也许是一份珍贵的礼物，而送给他们一些思想方法和执行能力，则是让他们受益一生的礼物。"授人以鱼，不如授人以渔"，衷心希望本书能给读者带来有益的启示。

执行力，归根到底就是一点——落实，落实出来！执行不但要有观念还要有方法，我不敢说我的每句话对你都有帮助，只要能从我的书中读到一两句受启发的话语，对你有所触动，并愿意把它操作一下，把它真正地执行出来，那么我写这本书就没有白费心血，这也是我莫大的荣幸。

名仕领袖学院院长

余世维

组织需要会执行的员工

马云创业之初，曾对外宣称"创业人员只能够担任连长及以下的职位，团长及以上职务全部由 MBA 担任"。接下来的几年，阿里巴巴聘用了来自国内外著名学府的众多 MBA，可后来这些 MBA 中的 95% 都被开除了，此事还曾引起社会上的一番热议。马云对此的解释是，因为这些 MBA 一讲起来都是公司战略，讲得热血沸腾，然而做的时候都不知道从哪儿做起。

软银集团董事长孙正义也持同样的观点。一流的创意 + 三流的执行，一流的执行 + 三流的创意，哪个好？孙正义和马云同时选择后者。

作为杰出的企业家，孙正义和马云共同道出一个必然的社会规律——组织真正需要的是会执行的员工。

执行的要求很简单：诚信、负责、量化细节，这样可以确保执行方向不走偏、执行效果不打折。国内有个普遍的怪现象，很多企事业单位里都有大量的"差不多先生"，他们的口头禅是"差不多"、"还可以"、"说得过去"、"马马虎虎"；他们的工作表现为缺乏紧张感，经常敷衍；领导交代的任务，自己先打个折扣，导致结果与目标相差十万八千里。正是由于很多组织对这种现象的纵容，才让这种现象有存活的土壤；正是由于千千万万的"差不多先生"，使得"made in China"成了品质低劣的代名词，低效率成为束缚企业发展的枷锁。执行不得力使企业的目标无法实现，缺乏责任心让企业发展失去了前进的动力。

　　而在德国，这样的"差不多先生"会为大众耻笑，根本找不到存活的空间，精益求精的观念已经深入每个德国人的心中。这种精益求精的精神使德国得以在"二战"后迅速崛起，德国产品也成了品质卓越的代名词。

　　没有百分百地完成任务就是失败。当国家一再强调提高政府人员的行政能力时，已经昭示了提高执行力已经上升到国家层面。中国的重新崛起和中国经济的再次腾飞，需要让执行文化扎根在每个中国人的心中。

第一章
执行力决定企业生死存亡

提高执行力，就是要树立一种严谨些、再严谨些，细致些、再细致些的工作作风，改变心浮气躁、浅尝辄止的毛病，以精益求精的精神，不折不扣地执行好各项重大战略决策和工作部署，把小事做细，把细节做精。

一些企业初始条件相似，并采用了几乎相同的战略，最终结果却相去甚远。有的企业成为业界翘楚，有的企业却在竞争中败下阵来。人们不禁要问，其中的奥妙与原因究竟何在。

施乐公司在其战略转型过程中，选择了和 IBM 类似的战略，并请 IBM 的财务总监来担任其 CEO。但由于施乐公司缺乏有效的市场应对措施和组织保障，造成员工执行乏力，其战略转型最终以失败收场，企业逐步走向衰败。

我们看到满街的便利商店，只有 Seven–Eleven 一枝独秀。满街的咖啡店，只有星巴克宾客满堂。各家便利商店和咖啡店经营方式大同小异，但经营业绩却大相径庭，原因何在？

员工缺乏执行力，企业丧失竞争力

执行力是企业核心竞争力

零售业在美国早已成为成熟的竞争行业，按照传统的经济学观点，它应该几乎无利可图。沃尔玛的创始人山姆·沃尔顿独辟蹊径，从乡村包围城市，一点一滴拉大了与竞争者之间的差距。为了实现其战略目标，沃尔玛加强员工培训，对服务细节追求完美。如员工要对 3 米以内的顾客微笑，微笑时要露出上排 8 颗牙；对顾客的提问，永远不要说"不知道"。沃尔玛统一采购，集中发货，每天提供低价商品，建立全国卫星联网的管理资讯系统以加强货品传递与管理。光是货品被偷窃的损失率，沃尔玛就比竞争者少了一个百分点。这样的成果和 3% 的净利润相比，贡献相当可观。

沃尔玛就是以这些看似平淡无奇的管理方法，成为全球最大的零售企业的。在过去的 40 年中，没有任何公司能够成功地模仿沃尔玛。换言之，正是因为沃尔玛的员工已经将公司的执行文化转化为自己的行为规范，才成就了沃尔玛特有的员工执行力，培育了企业的核心竞争力，使这艘企业"航母"具备了持续领先的竞争优势。

中国平安保险公司董事长马明哲对执行力做过这样的解释：执行力反映的是一个公司的核心竞争力，反过来说，企业核心竞争力就在于执行力。

我们来研究一下什么叫核心竞争力。核心竞争力有两个最简单的定义：我这个产品别人不能替代，我这个本事别人无法模仿。不论是有形的商品还是无形的服务，是不是没有替代品，你有什么本事别人不能模仿，是很重要的。如果你公司的产品有别的产品可以替代，你的本事也跟别人一样，应该说你没有什么核心竞争力。至少我敢说你的核心竞争力不明显。我们拿一个案例来说一下核心竞争力是什么。

你去过必胜客吗？就算你没去过，相信你一定听说过。和其他快餐店相比，必胜客有什么与众不同之处呢？以送外卖为例。虽然快餐店都提供送餐服务，但必胜客的送餐服务具有别人无法比拟的优势。

比如，必胜客送餐的时候，食物统统装在保温袋里，保温袋放在摩托车后面的小箱子里；送餐员随身携带发票，而且发票和零钱装在一个小塑料袋里面；摩托车不能挡住客户的家门口；送餐完毕要祝客人用餐愉快；送餐后要马上回店里报到，不得在外面耽搁，否则会立刻受到处分；送餐员在路上如果发生意外或者违反交通规则，要受罚……这些都有严格的训练，确保送餐员做到。

对必胜客来说，严格的执行力就是其核心竞争力。

一个公司，如果没有执行力，却宣称自己有核心竞争力，我是不会相信的。如果有核心竞争力，就说明它有执行力，没有执行力怎么可能形成核心竞争力呢？

执行要点

执行力反映的是一个公司的核心竞争力，反过来说，企业核心竞争力就在于执行力。

无数成功企业的经历告诉我们，那些在激烈竞争中最终能够胜出的企业无疑都具有超强的执行力。执行力是决定企业成败的重要因素，是构成企业核心竞争力的重要一环。

打造核心竞争力不是靠某种"绝招"，也没有固定的模式，可以肯定的是，提升执行力是构建企业核心竞争力的重要途径。

那么，到底什么是"执行力"呢？

我认为，执行力就是保质保量地完成工作和任务的能力。关键在于四个字：保质保量。在领导者提出工作任务和要求后，如果我们能够保质保量地完成，就叫做有执行力。

而且，要想让员工具有执行力，各级管理者也要从自身做起。有了执行力强的管理者，才有执行力强的员工。

中国平安保险公司董事长马明哲是一个非常有个性的人。2003年，平安保险公司从安达信公司招来汤美娟小姐，并任命她为首席运营官。但在两个星期后，汤小姐就被免职，离开了平安保险公司。她离开的原因我们不需要去研究，但要知道的是，马明哲大概突然感到汤小姐对公司来说并不适合，于是就在两个星期后解除了汤小姐的职务。这说明马明哲是一个非常强势的人。强将手下无弱兵。一个强势的领导者，其部下也必定是非常精干的，其整个团队的工作能力和竞争力亦是出类拔萃。

马明哲先生又提到了这样一种"怪"圈现象（见图1-1）：

高层 ⟷ 中层 ⟷ 员工

（相互埋怨执行力差）

图1-1

一开起会来，你怪我，我怪他，他怪你，怪来怪去。公司里面有个毛病，高层埋怨中层，中层埋怨员工，员工埋怨中层，中层埋怨高层，大家互相埋怨执行力差。这就是"怪"圈现象。为什么怪呢？执行力到底差在哪里？我们来看图1-2。

我们用分数简单地来说明一下。如果总经理做到100分，副总经理92分，经理就只有85分了；如果经理85分，副经理就77分；因为副经理77分，主管就变成64分；而主管64分以后，副主管就59分了，结果员工48分。以后不要说员工为什么48分，而是要研究第一个出现偏差的是谁。但是很奇怪，很多公司都喜欢追究员工，殊不知第一个要检讨的是副总经

总经理 100
92
经理 85
77
主管 64
59
员工 48

差　距

图 1-2

理。另外，出现偏差的层级越高，底下的差距就越大。所以副总经理犯错误要远比经理犯错误严重，经理犯错误又比主管犯错误严重。高管的执行力不到位，底下的执行力就会更不到位。这就叫做差距。原来是差距从上面开始的。所以以后不要怪来怪去，要研究第一个出现偏差的是谁。

今天无论是企业高层领导、中层干部还是基层员工，如果每一个人都能保质保量地完成自己的任务，就不会出现执行力不强的问题；如果企业在每一个环节和每一个阶段都做到一丝不苟，就不会有这么多的推诿扯皮现象。

马明哲先生说的企业"怪"圈现象，其实就是没有一个人在检讨自己是否保质保量地完成了工作任务。因此我经常说，执行力不强是每一层级的问题。我们不要再相互埋怨执行力差，而应该首先问问自己：我保质保量地完成任务了吗？在我这个环节，我做到一丝不苟了吗？

执行要点

执行力就是保质保量地完成工作和任务的能力。

战略虽好，也要有人执行

在企业发展速度要加快、产品质量要提高、发展规模要扩大、企业寿命要延长的要求下，企业除了决策层要善于不断捕捉发展机遇，制定出好的战略外，更重要的是要具有实施这一战略的执行力。执行力是企业贯彻落实领导决策、及时有效地解决问题的能力，是企业的管理决策在实施过程中原则性和灵活性相互结合的重要体现，是企业生存和发展的关键。正如中国台湾著名学者汤明哲指出的，一家企业的成功，30%靠战略，40%靠执行力，30%靠运气。

诚然，中国企业的战略规划水平尚待进一步提高，但是也要看到，在战略意识逐渐成熟的过程中，企业只有有效地执行既定的战略，才能赢得更多学习的时间和成长的机会。而且，企业执行力的不断增强反过来也会促进其战略制定水平的提高，这样企业才能不断在制定与执行战略的循环中逐渐从稚嫩走向成熟。

有这样一则古老的寓言：某地的一群老鼠，非常惧怕一只凶狠无比、善于捕鼠的猫。于是，老鼠们齐聚一堂，讨论如何解决这个心腹大患。老鼠们颇有自知之明，并没有杀猫的雄心壮志，只不过想探知猫的行踪，早作防范。有只老鼠的提议立刻引来满场的叫好声，它建议在猫的身上挂个铃铛。

在一片叫好声中，其中有只老鼠突然问道："谁来挂铃铛?"

不难理解，这是个讽刺"坐而言"而未必能"起而行"的寓言。美国某商学院的一位教授，把这个寓言搬进了 MBA 课堂，学生们反应热烈：有的建议做好陷阱，猫踏上后，铃铛自然缚在猫的脚上；有的建议派遣"敢死队"，牺牲小我，成全大我；更有的宣称干脆下毒饵了事，以永绝后患。这是个没有结论的讨论。临走前，教授只是狡黠地留下一句话："想想看，为什么从来没看到过被老鼠挂上铃铛的猫？"

中粮集团董事长宁高宁曾说过这样一句话："战略正确不能保证公司的成功，成功的公司一定是战略方向与战术执行力都到位。"战略只能告诉你发展方向，战术告诉你是否可以执行。战略与战术配合起来才能成功。因此，一个企业光有好的战略还不够，还要有人按照正确的方法去执行。

德国国家足球队向来以作风顽强著称，因而在世界足球赛场上成绩斐然。德国足球成功的因素有很多，但有一点很重要，那就是德国足球队队员在贯彻教练的意图、完成自己所担负的任务方面执行得非常得力，即使在比分落后或全队处于困境时也一如既往地按照既定战术执行。你可以说他们死板、机械，也可以说他们没有创造力，不懂足球艺术。但成绩说明一切，作为足球运动员，他们是优秀的，他们身上具备执行力文化的特质。

无论是足球队还是企业，一个团队、一名队员或员工，如果没有完美的执行力，就算有再多的创造力也不可能有好的成绩。可见，具有执行力，是一个人或一个团队能否被认可、能否成功的关键因素之一。

执行就是一个团队组织贯彻落实领导决策，及时有效地解决问题，是企业的决策在实施过程中原则性和灵活性相结合的重要体现。作为一个企业，有无执行力，关键看是否拥有具有执行力的人。

联想集团是世界著名企业，它之所以能取得如今的成就，与其强大的执行力是分不开的。早在2004年之前，联想最值得称道的就是它每年都举办的全国性市场活动，每次都是几百个城市同时举行，足见其强大的运作和控制能力。这种以高效运作体系为基础的执行力，也正是联想在国内电脑市场崛起并且至今保持霸主地位的撒手锏。

联想之所以有这么强大的执行力，是因为联想集团的创始人柳传志先生找到了一名"得力大将"，他就是能够高效地执行柳传志的战略思想的杨元庆先生。

杨元庆领导的联想电脑在1996年的中国电脑市场份额中占据了第一的位置，一举打破了国内电脑市场多年以来被国外品牌垄断的局面，树立了中国电脑品牌主导中国市场的信心和决心。

1997年，杨元庆将"严格文化"引入联想，并确立了"认真、严格、主动、高效"八字管理方针，还毫不留情地提出了著名的"八大问题"，细数联想执行力下降的症状。

2000年，他又针对联想内部缺乏沟通和协作的情况，将亲情成分引入联想文化，试图以此建立一种相互信任和协作的文化。

2001年，杨元庆从联想创始人柳传志手里接过联想"帅印"，在公布2001—2003年计划的同时，他把任正非的著名文章《华为的冬天》发给了全体联想员工。在一次会议上，杨元庆问与会者："如果有一天，公司没有完成任务怎么办？"

半年后，他开始大张旗鼓地向联想的"大企业病"和"体内病毒"开火……

杨元庆能有今天的成就，正是因为他认真严格地贯彻了柳传志的联想发展战略。而联想在行业内能有今天的地位，也正是因为它具有高效的执行力文化。一个组织的高效率需要有执行力的人来保证，而个人的执行力水准则是决定性的基本要素。一个完美的战略往往会毁于没有执行力的人手中。为了更好地实现经营目标，在拥有好的战略的同时，还必须具备相当的执行力。战略与执行力对于企业的成功缺一不可，二者是辩证统一的关系。

执行要点

一个企业光有好的战略还不够，还要有人按照正确的方法去执行。

有标准，有制度，更需要执行到位

在企业里，标准和制度是企业为了保证战略决策的贯彻实施，而为全体员工制定的行为准则和依据。要想真正有效地保证决策变为现实，达到既定效果，就需要制定激励与约束执行者的标准和制度，好的执行都是建立在好的流程和标准基础之上的。

摩托罗拉早在30年前就建立了自己的流程管理体系，即形成内部控制标准。该控制标准对涉及销售、采购、薪酬、制造、融资、财务、信息系统控制、知识产权保护等各项业务的流程都做了详尽的规定，而且还指出如果不按照标准去工作将会产生何种风险。所以，既有好的战略，又有好的运转机制和标准来保障这个战略的实施，企业才有可能获得成功。

但光有制度和标准还远远不够，重要的是员工如何遵守制度和标准，完成工作要求。同样的制度，同样的员工，因为执行力的强弱不同，企业也就有了不同的命运。

东北有家大型国有企业因为经营不善导致破产，后来被一家日本财团收购，厂里的员工都在翘首企盼日本企业能带来一些先进的管理方法。出人意料的是，日本企业只派来了几个人，除了财务、管理、技术等要害部门的高级管理人员换成了日本企业派来的人员外，其他的没有任何改变——制度没变，原厂人员没变，机器设备没变。日方只有一个要求：把以前制定的制度和标准坚定不移地执行下去。

结果，不到一年，企业就扭亏为盈了。

如果这家企业的员工自始至终严格执行企业的规章制度，企业就不会破产，也不会被别人收购。

执行要点

光有制度和标准还远远不够，重要的是员工如何遵守制度和标准，完成工作要求。

国内的许多企业，普遍存在这样的现象：公司有许多制度和标准，甚至有非常完善的制度，但上至领导下至员工，全都不能也不会坚持贯彻执行。结果这些制度、流程和标准都流于形式，不能够真正贯彻落实，就像前面所讲的那家东北国有企业一样，必然是经营不下去的。

与其等待别人来拯救，还不如自己从现在开始就努力认真地去做。认真地对待自己的工作，严格执行企业的战略，每个环节和阶段都保质保量地完成自己的工作。如果企业里的每个人都能如此，那么我们会发现，企业中所谓的"救世主"其实就是我们自己，只要我们能够再认真一点，再严格一点，执行力再到位一点。

② 员工缺乏执行力的四种表现

虽然执行力是如此重要，决定着企业的生死存亡，但缺乏执行力的现象比比皆是，由于执行不到位所导致的企业问题也时有发生。在我国企业中，不乏成功的企业家和高级的职业经理人，也不缺少好的战略规划，但是很多企业却问题不断，经营陷入困境。究其原因，就是因为员工的执行力不到位，导致战略发展出现偏差。

战略是工作目标，执行是工作态度，而工作态度的不认真，是战略发展出现偏差的最大原因。以下是企业中常见的缺乏执行力的四种表现。

"差不多"就行

中国人向来聪明勤劳，也不乏创造性，但为什么我国优秀的企业不多呢？最大的问题就在于我们对执行缺乏敏感性，也不重视。

早在 1927 年，美国就开始宣传"almost right is wrong"，意思是"差不多就是错"。正是由于有这种对待工作的态度，美国逐渐变成了一个工业强国。我国工业的现状不佳，虽与历史有关，但与国人的工作态度也是密不可分的。想一想，在我们的工作中，"差不多"、"还可以"、"过得去"这样的口头语是不是出现的频率很高，"那有什么关系"、"这又不要紧"、

"不就是一件小事嘛"这样的话也肯定不少出现。其实，这就叫偏差。

因为对偏差没有感觉，所以很多事情也不觉得重要。约会迟到5分钟，很多人会认为不就5分钟嘛，那有什么关系呢？在中国参加结婚典礼，很少有按预定时间准时开始的，有时候请柬上写着"婚礼开始时间为11点"，可10点半的时候，礼堂还没布置好，等到11点的时候，司仪还没到，总算等到11点半宣布婚礼可以开始了，又发现伴娘还没到……结果婚礼到12点半才勉强开始，说它勉强，是因为新娘的一位娘家人还在路上没赶到。这样的婚礼真是让人感到心里不爽。而我曾在德国参加过一个结婚典礼，在给我的请柬上写着开始时间为晚上6点33分。当6点33分一到，音乐响起，礼炮齐鸣，婚礼分秒不差。

所以，我们就可以明白，为什么现在很多中国企业花费大量经费去学习西方的管理经验和方法，无论是派人出国考察，引进西方管理人员，还是每年不断增加企业培训课程，重金聘请培训讲师，最终都不见效果。原因就是企业里的员工工作态度不认真，对执行中出现的偏差没感觉。

比如在国内乘飞机就是一件非常痛苦的事情，因为很多航空公司的飞机一般都不准点，不是取消就是延误。假如你是航空公司的一名员工，当你发现有一个旅客没有上飞机，你去找过他吗？边防检查证件很慢，你去要求过哪个航班优先吗？旅客带行李进来，你帮旅客拖过行李吗？电梯移动很慢，你要求过改变这种状况吗？你可能认为这些都是小事情，没有什么关系。所以，我们经常在机场看到：旅客抱怨塔台指挥不当，旅客不知道自己在哪里，客人那么多边防检查忙不过来，候机楼都是人，门口都是出租车……作为一名航空公司的员工，难道这些问题里没有你的责任吗？即使你的职责范围不在这里，那你看到这种情况后向公司高层提出过改善建议吗？如果没有，那就说明你不是一个执行力强的员工，因为你对偏差没感觉。

而香港港龙航空公司对偏差很关注，他们会尽最大可能去杜绝"差不多"现象的发生。

香港回归后，香港港龙航空公司连续几年都当选为中国最佳的航空公司。我坐他们的飞机坐了十几年，极少误点，因为他们用心解决这个问题。

有一次，我在香港转机要回上海，而那一天正好碰到香港下暴雨，全部飞机在地面不能起飞。天气转好后，轮到我搭乘的那个航班起飞的时候，已经大概延误了 50 分钟。飞机起飞后，我就听到空中小姐广播："各位旅客请注意，刚才由于香港地区暴雨，所以我们没有办法起飞，到目前为止，本航班已经延误 50 分钟。刚才机师通知我们加速飞行，希望能够将各位准点送到上海。"那个航班原本应该是 1 点 15 分降落到上海，在飞机的轮子接触到跑道的那一刻，我一看表，时间是 1 点 20 分。

飞机加速飞行，但是票价并没有增加一分钱。飞机多烧燃料拼命地飞，把我们送到上海，只延迟了 5 分钟。那架飞机一天要排好几个班次，把我们送到上海后，它还要从上海飞到香港，再从香港飞回上海，还要从上海飞到香港。如果第一个班次误点，后面的班次全部误点，早上误点 5 分钟，最晚的那个班次就可能误点两个小时。有些航空公司可能就一直延误下去，因为它们永远就是一句话："没有办法。"而港龙航空公司对偏差看得很重，并积极弥补这种偏差，所以它成为最佳航空公司是理所应当的。

什么叫差不多？差一分也是差，差九分也叫差。什么叫过得去？过去就是过去，没过去就是没过去。什么叫还可以？可以就是可以，不可以就是不可以。

作为一个工作态度认真、执行力强的人，永远都不会讲"差不多"、"过得去"、"还可以"这样的话。

在我们国家，"差不多先生"到处都是。在业绩考核中，如果得了80分就很满意了，而不是去争取得到85分、93分或96分。对成绩和结果无所谓，导致很多工作都浮于表面，许多目标都就此搁浅。

执行要点

> 一个工作态度认真、执行力强的人，永远都不会讲"差不多"、"过得去"、"还可以"这样的话。

不注重细节，不追求完美

中国人想做大事的人太多，而愿把小事做好的人太少。一个做事不追求完美的人，是不可能成功的，而要做事完美，就必须注重细节。

古人云："千里之堤，溃于蚁穴。"这句话强调做大事业不要忽视微小的细节。然而，环顾我们周围，大而化之、马马虎虎的作风随处可见，"差不多先生"比比皆是，"好像、几乎、似乎、将近、大约、大体、大致、大概、应该、可能……"成了"差不多先生"的常用词。就在这些词汇一再使用的同时，许多决策都停留在了纸上，许多工作都停在了表面上，许多宏大的目标都成了空中楼阁。

提高执行力，就是要树立一种严谨些、再严谨些，细致些、再细致些的工作作风，改变心浮气躁、浅尝辄止的毛病，以精益求精的精神，不折不扣地执行好各项重大战略决策和工作部署，把小事做细，把细节做精。

有一次我买了一瓶国内出产的名酒，准备送给我父亲，因为怕路上被砸破，我仔细用毛衣包好，放在皮箱里面。等回到家拿出来准备送给我父亲的时候，却发现瓶里只剩下1/3的酒，其余的酒被毛衣"喝"了。

而正是因为酒瓶的瓶盖没有密封好，使得好酒被白白浪费了。

这正是不追求完美的一个例子。要取得成功，必须在每一个细节上都要一丝不苟。反之，不注重细节，就容易出现大问题，造成大的损失。

密斯·凡·德罗是20世纪最伟大的建筑师之一，在被要求用一句最简练的话来描述成功的原因时，他只说了"魔鬼在细节"五个字。他强调的是，不管你的建筑设计方案如何宏伟，如果对细节的把握不到位，就不能称之为一件好作品。

细节是成就伟大的关键点，能够成功的人，都是对细节非常注重的人；而失败者，则缺乏对工作认真负责的态度，把工作当成负担，马虎、敷衍、拖沓的毛病随时可见。这样的人不会把工作当成一种乐趣，往往就是因为忽略了细节，使其离成功总是差最后一步。

电影《泰坦尼克号》里有一个镜头，在船要沉没、船尾翘起来的时候，船上所有的碗、杯子、盘子都散落在地。等拍完这个镜头的时候，导演卡梅隆把盘子拿起来一看，发现这些东西上面都没有商标。而实际上，人们把真正的泰坦尼克号从海底打捞起来后，发现船上的碗、盘子、杯子都是有商标的。

当卡梅隆发现这个问题后，决定重新拍摄这个镜头。影片投资人说："你疯了，一万多个盘子重新做一套，那可要不少钱啊。"卡梅隆说："那就扣我的薪水吧，即使我不领薪水，我也要把它们重新做一遍。"于是，他们又重新做了一套带商标的碗、盘子和杯子，重新拍了一遍这个镜头。

其实，全世界有几个人知道那个盘子底下有商标呢？但对卡梅隆来说，事实上有的东西，就要把它拍好。正是这种追求完美的精神，每个细节的执行力都做到位的态度，让此部电影风靡世界。

执行要点

要取得成功，必须在每一个细节上都要一丝不苟。能够成功的人，都是对细节非常注重的人。

在航天工程中，最危险的事情是什么？就是载人航天飞行器无法返回或爆炸。美国和俄罗斯是全球首屈一指的航天强国，从两国开始发射载人航天飞行器，至今已经死了20多人了。

1986年1月28日，美国挑战者号航天飞机升空72秒就爆炸了，7名宇航员全部罹难。2003年2月1日，美国哥伦比亚号航天飞机在快要回到地面的时候，突然空中解体，也导致7名宇航员遇难。

美国这样的航天大国在这两次事故中死了14人，而我国航天要想一直都不出事故，那就要坚持一丝不苟地完全按照指令行事，只要有一个环节没有做好，那就必将毁于一旦。

1986 年，美国挑战者号航天飞机发生爆炸，导致 7 名宇航员全部罹难。而这次事故就是因为一个非常小的细节没有处理好而造成的。航天飞机的氢气燃料槽有一个橡皮圈的密封装置，这个橡皮圈在气候变化的时候会热胀冷缩，在天气寒冷的时候，这个橡皮圈会变硬、缩小，从而使密封口有了缝隙，造成氢气泄漏。航天飞机在升空的时候，因为尾部喷出火焰，氢气一遇到火就爆炸了。

"千里之堤，溃于蚁穴"，任何伟大的事业都不能忽视微小的细节。也许一个细微的失误，就会导致灾难性的后果。

标准只是挂在墙上的废纸，没有人放在心里

任何一个公司都有自己的要求和标准，关键是看那个标准是挂在墙上还是放在心里。如果只是挂在墙上而没有放在心里，那个标准就是假的。

在我们国内的很多企业里，普遍存在的现象是：公司有许多制度和标准，甚至制度非常完善，但上至领导下至员工，全都不能也不会坚持。因此，这些制度也就成了挂在墙上或摆放在文件柜里的无用文字。"无所谓"、"马马虎虎"、"过得去"、"我看还行"，都是某些人的口头语。

比如，每个新员工首先都会接受企业有关规章制度的培训，有的人会认真阅读这些标准和制度，但是有的人从来就没把这些标准和制度当成一回事，因为他们认为所有的标准和制度都与自己无关。在这样的员工心里，认为只要把工作做好就可以了。

难道真的没必要去关注那些标准和制度吗？如果你不去看，光知道努力工作，怎么知道自己的工作该达到什么程度才叫合格，什么程度才叫完

美？没有标准和制度来衡量你的工作行为和方向，你怎么知道什么是对的，什么是错的？如果你不知道这些，怎么可能把工作做好？即使你再努力，可能到最后还是达不到要求。

在企业里，员工守则是员工个人工作行为的标准和制度，而战略决策则是全体人员的奋斗方向和目标。一个工人，如果不知道自己生产的产品质量的标准和要求，就不可能对产品精益求精；一个医生，如果不知道医生的职业道德和技能标准，就不可能认真对待病人；一个教师，如果不知道教师的职业操守和教学规范，就可能误人子弟，毁了一个国家的未来。

各行各业都有自己的标准和制度，只有身在其中的每个人都坚持落实了，才会做好自己的工作，实现企业的奋斗目标。

日本的螺丝钉做得好，所以日本人在上海为螺丝钉做的广告写着"日本品质，日本规格"。我国是钢铁大国，但是国内最好的手术刀用的合金都是进口的，用的最好的螺丝钉也都是从德国和日本进口的。为什么我们的神舟七号能升天，却做不出好的螺丝钉和手术刀？就是因为许多企业没有坚持标准，把该坚持的标准当成了挂在墙上的废纸。

大到国家，小到个人，都有应该坚持的操守或规范。只有始终坚持了，才能逐渐走上成功之路；没有坚持，就只能永远跟在别人的后面，甚至遭受失败。

不会尽职尽责地做好分内工作

执行力是在工作的每一个环节、每一个层级和每一个阶段都应重视的问题，企业的所有员工都应共同地担负起责任。

不管从事什么职业、处在什么岗位，每个人都有其担负的责任，都有分内应做的事。做好分内的事是每个人的职业本分，也是执行力的基本要求。

执行要点

做好分内的事是每个人的职业本分，也是执行力的基本要求。

如果一个人连分内的事都做不好，又何谈执行力呢？"在其位而不谋其政"或"在其位而乱谋其政"，其结果必定是"失职"，很可能会造成严重的后果。最近几年经常有媒体报道，因为人为失职造成交通事故、煤矿坍塌、火灾等重大事故。这时付出的代价往往就不仅仅是财产损失，而且还有宝贵的生命。

随着电子信息化的发展和普及，现代企业都采用电脑办公，上班时间，大部分人都坐在电脑前。这就给很多人一个错误的观念，认为坐在电脑前就是上班。但是，你在电脑里搜索些什么？你搜索的那些东西对公司、工作有用吗？除了电脑以外，你关注市场、产品和客户了吗？

其实我们不说也明白，有很多员工，每天一上班打开电脑，用半个小时浏览新闻，用半个小时回复一些没必要的邮件，然后是问候 MSN、QQ 等聊天工具上的朋友。就这样，一上午的时间浪费了大半。却在下班后加班，忙到深夜，觉得自己工作很忙、很累。其实，你是真的忙、真的累吗？还是因为你太自由散漫，将很多宝贵的工作时间都浪费在无聊的新闻和聊天上了呢？

工作没有紧张感，对一切都无所谓，吊儿郎当，马马虎虎，得过且过，对自己的分内工作不能够尽职尽责，也不知道自我检讨。这样的员工何来执行力？

1999 年 9 月，日本日产汽车公司因为巨额亏损，将 36.8% 的股权卖给了法国最大的雷诺汽车公司。2000 年，卡洛斯·戈恩临危受命，出任由法国雷诺控股的日产株式会社社长，此后又兼任 CEO。卡洛斯·戈恩只用了一年多的时间，就使得连续 7 年亏损的日产汽车一年赢利 27 亿美元，创造了世界汽车界的奇迹。

在卡洛斯·戈恩的回忆录里，我们发现了他做出如此成就的秘诀，他说："我不是那种每天在办公室里应付几个小时，其他的时间都在高尔夫球场上度过的人。"他还说："在工作中我始终保持紧张感。"

卡洛斯在初到日本的时候，发现日产汽车的高管都喜欢打高尔夫。有个星期天卡洛斯去工厂加班，遇到一个高管穿着球衣球鞋，戴着球帽，背着球袋，装着球杆，正准备去打高尔夫。那个高管看到卡洛斯后说："早上好，卡洛斯先生，今天阳光明媚、风和日丽，是打球的好天气。卡洛斯先生，不一起去打球吗？"卡洛斯说："公司到现在都没赚钱，我打不下去——那祝你打球愉快。"

这就是有责任感的人与无责任感的人的区别。有责任感的人，在工作中时刻保持紧张感，利用一切时间去思考自己工作上的不足，并尽力去完善；而无责任感的人，即使是在公司倒闭破产的时候，依然兴趣盎然地去打高尔夫，依然一副无所谓的样子。

在企业中，无论你处于什么职位，都有自己分内的工作和需要担负的责任。执行力就是在每个环节、每个阶段都保质保量地完成自己的工作。如果你能随时保持紧张感，坚持标准尽职尽责地完成自己的工作任务，你的执行力何愁不强？你的工作业绩何愁不能提升？如果一个人连自己分内的工作都做不好，即使抱负再远大、目标再宏伟，也依然是裹足不前，毫无进步可言。

执行要点

在工作中时刻保持紧张感，利用一切时间去思考自己工作上的不足，并尽力去完善。

第二章
打造高效执行的员工

　　作为一个有竞争力、有执行力的员工，在从事一项工作的时候，要一边做一边思考，问自己这样做是最好的方法吗，有没有更好的方法，别人是不是做得更好，做得更好的人是怎么做的。只有通过不断思考、改进、吸收借鉴、果敢行动，才能让自己不断前进，进而推动企业不断走向成功。

企业要想具有强大的执行力，就需要有执行力强的员工。什么样的员工才有较强的执行力，如何提升员工的执行力呢？

执行力强的员工的九大特征

执行力强的人具备九个突出的特征，如果在这九个方面都能拿到满分，那么最高分就是 90 分；如果没有达到 60 分，大概不能提拔他当主管；40 分都不到，连做员工的资格都不够；只有 20 分，那干脆就赶快让他离开。

个人执行力整体上表现为"执行并完成任务"的能力，企业中不同的人，要完成不同的任务，需要不同的具体能力。

如何找到执行力强的人？如何挑选执行力强的人？我们可以从以下九个方面来考察一个人的执行力强弱：

※ 自动自发；

※ 注重细节；

※ 为人诚信，敢于负责；

※ 善于分析判断，应变力强；

※ 乐于学习，追求新知，具有创意；

※ 对工作投入；

※ 有韧性；

※ 有团队精神，人际关系良好；

※ 求胜的欲望强烈。

在这九点里面，最重要的三点是：自动自发、注重细节以及为人诚信。

自动自发

一个人会做是远远不够的，除了会做还要有工作的意愿（动机），即要自动自发。所谓自动自发，不是一个口号一个动作，而是要充分发挥人的主观能动性与责任心，在接受工作后应想尽一切办法把工作做好。乍一听来，这似乎只是一个普通的定义，其实它更是一种面对人生的态度。

我们生活在高速发展的现代社会，每时每刻都会遇到一些新的挑战和挫折。人的一生不可能永远一帆风顺，总会经历一些小风小浪。在这些小风小浪面前，有人退却了，就这么碌碌一生，开始怨天尤人；也有人在同样的环境中脱颖而出，成为强人或名人。这一切的一切，就在于那一念之差。而所谓的一念之差，其实就是一种态度——面对生活，面对工作，面对人生的态度。

"自动自发"就是一种可以帮助你扫平挫折的积极向上的人生态度。

老板不在身边却更加卖力工作的人，将会获得更多奖赏。如果只在别人注意时才有好的表现，那么你永远无法达到成功的巅峰。最严格的表现标准应该是由自己设定的，而不是别人要求的。如果你对自己的期望比老板对你的期望更高，那么你就无须担心会失去工作。同样，如果你能达到自己设定的最高标准，那么升迁晋级也将指日可待。

自动自发地做事，同时还要为自己的所作所为承担责任。那些成就大业和凡事得过且过的人之间的最根本区别在于，成功者懂得为自己的行为负责。

注重细节

应把做好工作当成义不容辞的责任，而非负担，要认真对待、注重细节，来不得半点马虎及虚假；做工作的意义在于把事情做完美，而不是做五成、六成就可以了，应以更高的、大家认同和满意的标准来严格要求自己。

有时，细节的准确、生动可以成就一件伟大的作品，而细节的疏忽则会毁坏一个宏伟的规划。看不到细节，或者不把细节当回事的人，对工作缺乏认真的态度，对事情只能是敷衍了事。这种人无法把工作当做一种乐趣，而只是当做一种不得不做的苦役，因而在工作中缺乏热情。他们永远只能做别人分配给他们做的工作，即便这样也不能把事情做好。而考虑到细节、注重细节的人，不仅认真对待工作，将小事做细，而且注重在细节中寻找机会，从而使自己走上成功之路。

"无限的爱"日用品和化妆品连锁超市 DM 在德国遍地皆是。大约 40 年前，格茨·维尔纳白手起家创建了 DM 连锁店。他有自己的一套注重细节的经营理念，有时还会因为注重细节做出一些特别"古怪"的事情。

有一次维尔纳走进一家 DM 分店时，要求分店店长拿扫帚来。这家分店的店长把扫帚递给维尔纳，非常疑惑地说："维尔纳先生，我不明白您要它做什么。"维尔纳指着地下的灯光说:"您看,灯光的亮点聚在地上,什么作用也没有。"于是,维尔纳用扫帚柄拨了一下上面的灯,让灯光照在货架上。

这样的小事也要由大老板过问,并且亲自动手,岂不把他累死?可就是这样一个大老板,后来拥有1000多家连锁店、2万多名员工,2002年的销售额就高达26亿欧元。维尔纳也是同行业中最富有的,2003年年初时他的个人财产已达到9.5亿欧元。

维尔纳解释他注重细节的用意时说:"这样做给人留下的印象远比下达批示深刻得多。当然,我不可能每天到所有的分店跑一圈,不可能每一个细节都不放过,但是,正如'商业教皇'布鲁诺·蒂茨所说:'一个企业家要有明确的经营理念和对细节无限的爱。'"

中国伟大的思想家老子曾说:"天下难事,必作于易;天下大事,必作于细。"细节到位,执行力就不成问题。作为一个公司领导,不需要也不可能事必躬亲,但一定要明察秋毫,能够比他人观察得更细致、周密,能够做到细致入微,像维尔纳那样,在某一细节的操作上做出榜样,使员工有效法的榜样,并形成一种威慑力,使每个员工都不敢马虎,无法搪塞。只有这样,企业的工作才能真正做细。

多年以前,美国标准石油公司有一位名叫阿基勃特的小职员。他在需要签名的时候,总是在自己签名的下方写上"每桶4美元的标准石油"字样,在书信及收据上也不例外。因此他被同事叫做"每桶4美元",而他的真名反倒没有人叫了。当时的公司董事长洛克菲勒知道这件事后说："竟有职员如此努力宣扬公司的名号，我要见见他。"于是邀请阿基勃特共进晚餐。洛克菲勒卸任后，阿基勃特成了第二任董事长。

在签名的时候署上"每桶4美元的标准石油"，这算不算细节？虽然这件小事并不在阿基勃特的工作职责之内，但阿基勃特做了，并坚持把这个细节做到了极致。在那些嘲笑他的人中，肯定有不少人的才华、能力在他之上，可是最后，只有他成了董事长。

为人诚信，敢于负责

诚信是立身处世的准则，是人格魅力的体现，是衡量个人品行优劣的道德标准之一。正如孔子所说"言必信，行必果"，即"人无信不立"。只有诚信，一个人才会去为了实现自己的许诺而积极肯干。一个真正注重诚信的人或组织，在不能履约的时候，必定会慷慨地对自己失信的行为负责，及时地采取必要的措施来弥补由自己的失信造成的损失。

善于分析判断，应变力强

在信息社会，分析判断和快速应变能力的重要性是不言而喻的。在证券市场，鼠标早击和迟击十分之一秒，是否成交或成交价格就有很大区别。照相机为什么设计了千分之一秒和万分之一秒快门？原因就是万分之一秒之差，图像就已经截然不同。

机会是为有准备者提供的，快速应变能力往往并不表现为一时的灵感，更多的是捕捉到等待已久的瞬间出现的时机。对于客观环境和市场形势可能出现的变化，我们必须提前作出预测，并备有应付各种变化的预案

（不管成文还是不成文的）。很多人都懂得去做这方面的准备工作。为事业的发展设计了很多种"可能"，但有时由于个人和所处环境的局限性，"不可能"的因素便被忽略了，"不可能"的因素积累得多了，必然就会出现突发事件，这时就更需要理性地分析，果断地决策，快速应对，从而化险为夷。

可以说，善于分析和快速应变是在竞争日益激烈、变化日益迅速的时代有效执行的必要条件。

《三国演义》第71回，描写了赵云临敌应变以"空营计"吓退曹兵的故事。汉献帝建安二十四年（公元219年），大将夏侯渊在定军山被黄忠斩杀，曹操得知后亲率20万大军杀奔汉中，要为夏侯渊报仇。黄忠自告奋勇深入敌后去夺取曹军粮草。诸葛亮放心不下，令赵云也领一支人马同去。黄忠在北山脚下被围，苦战多时，不得脱身。赵云见黄忠去后许久不归，急忙披挂上马，前去接应，曾先后两次杀入重围，救出黄忠及其部将张著。曹操在高处看到赵云东冲西突，所向无敌，勃然大怒，自领左右将士追赶。眼看大军追到蜀营军门以外，守营将领张翼看到敌我悬殊，情势危急，慌忙要关闭营门。赵云喝止，一面将弓弩手埋伏到寨外，一面令大开营门，偃旗息鼓，自己单枪匹马立于营外。魏将张郃、徐晃先到，看到这番情景，疑心设有伏兵，不敢向前。曹操到后，却催督众军，大喊一声，杀奔营前。这时，赵云大智大勇，依然纹丝不动，魏兵以为确有伏兵，转身就往后逃。赵云乘机把枪一招，蜀军鼓声震天，杀声动地，强弩硬弓一齐射出，魏兵心慌意乱，只顾逃命，互相践踏，死伤累累。拥到汉水边时，又互相争渡，落水淹死者无数，大批辎重器械丢弃。蜀军取得了出乎意料的胜利。刘备得知后，亲到现场了解作战经过，非常高兴地对诸葛亮说："子龙（即赵云）一身都是胆也！"

战场上形势多变，斗智斗勇，输赢成败有时只在一念之间，只有沉着冷静，果断决策，方能随机应变，控制形势发展。商场亦是如此。

执行要点

对于客观环境和市场形势可能出现的变化，必须提前作出预测，并备有应付各种变化的预案。

乐于学习，追求新知，具有创意

一位哲学家曾说过："未来的文盲不是不识字的人，而是没有学会怎样学习的人。"学习能力、思维能力、创新能力是构成现代人才体系的三大能力，其中，善于学习又是最基本、最重要的能力。没有善于学习的能力，其他能力也就不可能存在。

远大集团总裁张跃，创业时只有 25 岁。张跃的座右铭是："要孜孜不倦地追求知识。当然，这里不是指那种很刻板的知识，还包括生活方式的认知、品位和感受，这是决定一个人是否幸福的重要方面。要在知识中找到美感，体会到美的享受。"

全国政协委员、全国民营企业家杰出代表、通威集团总裁刘汉元，经过 20 年左右的奋斗，使企业成为国内最大的水产饲料及主要畜禽饲料的生产商。他所在的集团拥有 4000 名员工，正在向世界水产业霸主地位前行。早在 2002 年，他就被《财富》杂志认定为全球 40 岁以下最成功的商人之一——在亚洲仅有 13 人获此殊荣。作为一个如此规模企业的老板，应当说刘汉元的时间是非常紧张的，他的办公桌上总是摆满了各种各样等待批阅的商务文件。然而，不管多忙，哪怕身处天涯海角，每月的月底他都要乘飞机到北京大学光华管理学院参加 EMBA 班的学习。

没有稳定的工作，只有稳定的能力——首先是学习的能力。当今社会，一切均在不断的发展变化之中，而且发展变化的速度正在不断加快。这个社会中，唯一不变的就是变化。要想适应世界的变化，跟上社会的变化速度，必须努力学习，学习能力是一个成功者必须具备的能力，是未来新一代成功人士的第一特质。

对工作投入

全力投入工作的热忱不仅仅是管理者成功的要素，也是每个人获得成功的要素。没有对工作的热忱，就无法全身心投入工作，就无法坚持到底，对成功也就少了一份执著；有了对工作的热忱，在执行中就不会对得失斤斤计较，不会吝啬付出和奉献，而是富有激情，勇于创新，不断进取。

有韧性

韧性指具备挫折忍耐力、压力忍受力、自我控制和意志力等；有韧性就能够在艰苦的、不利的情况下，克服外部和自身的困难，坚持完成任务；在比较大的压力下坚持目标和信念。

大多数管理者的用人标准：忠诚，有韧性。

麦当劳的创始人雷·克洛克最欣赏的格言是：

走你的路，世界上什么也代替不了坚忍不拔：才干代替不了，那些虽有才干但却一事无成者，我们见得多了；天资代替不了，天生聪颖而一无所获者几乎成了笑谈；教育也代替不了，受过教育的流浪汉在这个世界上比比皆是。唯有坚忍不拔，坚定信心，才能无往而不胜。

一位经理在描述自己心目中的理想员工时说："我们所急需的人才，是意志坚定、工作起来全力以赴、有奋斗进取精神的人。我发现，最能干的大体是那些天资一般、没有受过高深教育的人，他们拥有全力以赴的做事态度和永远进取的工作精神。做事全力以赴的人获得成功的几率大约占到九成，剩下一成的成功者靠的是天资过人。"这种说法代表了大多数管理者的用人标准：除了忠诚以外还应加上韧性。具有韧性的人能够经受挫折，决心固然宝贵，但有时会因力量不足、能力有限而受阻，而唯有借助韧性，方能不断向目标迈进。

韧性首先表现为一种坚强的意志，一种对目标的坚持。"不以物喜，不以己悲"，认准的事，无论遇到多大的困难，仍千方百计完成。克劳塞维茨在《战争论》中有一句很著名的话："要在茫茫的黑暗中，发出生命的微光，带领着队伍走向胜利。"战争打到一塌糊涂的时候，将领的作用是什么？就是要在茫茫黑暗中，用自己发出的微光，带领队伍前进，谁挺住了，胜利就属于谁。

韧性在工作中更多地表现为能够保持良好的体能和稳定的情绪状态。当处于巨大压力或产生可能会影响工作的消极情绪时，能够运用某些方式消除压力或消极情绪，避免自己的悲观情绪影响他人，但这并不是人人都能做到的。

美国著名石油大亨，标准石油公司的创始人约翰·洛克菲勒，也是世界上第一位亿万富翁。

16 岁时，他为了得到一份"对得起所受教育"的工作，翻开克利夫兰全城的工商企业名录，仔细寻找知名度高的公司。每天早上 8 点，他离开住处，身穿黑色西裤和硬领西服，戴上黑领带去参加面试。他不顾一再被人拒之门外，日复一日地前往——每星期六天，一连坚持了六个星期。

在走遍了全城被所有大公司拒之门外的情况下，他并没有像很多人想象的那样选择放弃，而是"敲开一个多月前访问过的第一家公司"，从头再来。有些公司甚至去了两三次，但谁也不想雇个孩子。可是越受到挫折，洛克菲勒的决心反而越坚定。

1855 年 9 月 26 日上午，他走进一家从事农产品运输代理的公司，老板仔细看了这孩子写的字，然后说："留下来试试吧。"并让洛克菲勒脱下外衣马上工作，工资的事提也没提。他过了三个月才收到了第一笔补发的微薄的报酬。

这就是洛克菲勒的第一份工作，是他自己都记不清被拒绝多少次后得到的工作。他一生都把 9 月 26 日当做"就业日"来庆祝，那热情，胜过他自己过生日。

做梦的价值为零，行动起来才有可能成功。相比洛克菲勒遇到的挫折，也许我们幸运得多。我想很少有人在找工作时，在推销自己的想法或产品时，会在遇到几百次乃至上千次的拒绝后仍坚持不懈。拒绝本身并不可怕，可怕的是遇到几次挫折就畏缩不前，就怀疑自己——这样的人是永远不会成功的。

有团队精神，人际关系良好

团队精神不仅仅是对员工的要求，更应该是对管理者的要求，团队合作对管理者的最终成功起着举足轻重的作用。

对管理者而言，真正意义上的成功必然是团队的成功。脱离团队，即使得到了个人的成功，往往也是变味的和苦涩的，长此以往对公司是有害的。因此，管理者的执行力绝不是个人的勇猛直前，孤军深入，而是带领下属共同前进。

"经营之神"松下幸之助在 1945 年就提出："公司要发挥全体职工的勤奋精神。"他不断向职工灌输"全员经营"、"群智经营"的思想。这种思想认为："松下的经营，是用全体职工的精神、肉体和公司资本集结成一体的综合力量进行的。"为打造坚强团队，直至 20 世纪 60 年代，松下公司还在每年正月的一天，由松下幸之助带领全体职员，头戴头巾，身着武士上衣，挥舞着旗帜，把货物送出。在目送几百辆货车壮观地驶出厂区的过程中，每一个工人都会产生由衷的自豪感，为自己是这一团体的成员感到骄傲。

下者用己之力，中者用人之力，上者用人之智。一个人的力量总是有限的，成功30%靠自己，70%靠别人。人脉就是财脉，每一个管理者都是通过组建一个团队来实现自己伟大梦想的。

组织的团队精神包括四个方面：

※ 认同别人：组织中的员工相互欣赏，相互信任；而不是相互瞧不起，相互拆台。管理者应该引导下属发现和认同别人的优点，而不是突显自己的重要性。

※ 主动帮助：不仅是在别人寻求帮助时提供力所能及的帮助，还要主动地帮助同事。反过来，我们也能够坦诚地乐于接受别人的帮助。

※ 无私奉献：组织成员愿为组织或同事付出额外的劳动。

※ 团队自豪感：团队成员要以团队为荣，这种感觉集合在一起，就凝聚成为战无不胜的战斗力。

执行要点

管理者的执行力绝不是个人的勇猛直前，孤军深入，而是带领下属共同前进。

求胜的欲望强烈

欲望是一切行动的源泉，也是支持人生不断进取的动力。没有欲望，任何事情都不可能坚持和成功，其人生也将变得空洞平淡。当然，人的欲望形形色色，其中不乏偏激、劣等的蠢欲。此类欲望对人生有害无益，应当压抑和克制。

克制蠢欲的最好办法，就是以积极的、有益的欲望投入对事业的追求。这种欲望越强，情绪就越高，意志就越坚定。强烈的欲望可以使人的能力发挥到极致，为事业的成功献出一切。

华为将它的产品打入美国市场伊始，就碰到了思科这一强大的对手。思科在2003年对华为发起了声势浩大的知识产权诉讼。在中国的企业里面，能够给美国思科带来威胁的毕竟不太多，而华为就是其中一个。只要有胜利的希望，就绝不轻言放弃。

华为的董事长任正非是个非常积极的人，华为能走到今天，与任正非强烈的求胜精神是分不开的。在华为的初期发展阶段，任正非提出"狼性文化"，其中有三个内涵：

第一，狼的嗅觉很灵敏，可以随时闻到商机。

第二，再大的风雪天，狼也要出去寻找猎物，那叫做不避困难、不畏风险地要让企业存活。

第三，狼从来不单打独斗，只有团队的力量，才能战胜一切困难。

正是这种"狼性文化"使华为具有强大的凝聚力、不屈不挠的斗志，使华为走出了"冬天"，并走向世界，成就了企业的第二次发展高峰。如果没有这种积极的文化，华为就不会拥有今天这样的成就。

❷

执行渗透于企业的每个环节

在行动中思考

1971年，联邦快递的创始人弗雷德·史密斯在一个废弃的军用飞机场里开始了自己的创业生涯，40多年过后，联邦快递就变成了业务遍及全球

200 多个国家和地区的快递巨头，年收入达 400 亿美元，是全球 500 强企业之一。弗雷德·史密斯有一句话："在行动中思考着。"

从这句话可以看出，作为联邦快递的创始人，弗雷德·史密斯认为速度是最重要的，速度对自己的创业来讲就是核心文化，他强调速度、行动与敏捷。所以，弗雷德·史密斯形成了自己的文化，并把这种价值观和文化灌输到联邦快递公司内，而公司员工也逐渐体会并形成了一种共同的价值观。

可以说，在成立至今的 40 多年里，做事不积极、不敏捷、不快速的人是无法在联邦快递待下去的，联邦快递也是不欢迎这样的员工的。

"在行动中思考着"，弗雷德·史密斯的这句话，对增强员工的执行力有重要的借鉴作用：

一方面，做事快速、敏捷非常重要，作为员工，一天到晚空想是没有什么作用与效果的，只有一边做一边思考，在实践中总结、反思，才会不断有好的想法；另一方面，又不能"死做"，一边做一边还要思考"是否还有更快速、更有效的方法"，不断提出流程改善建议。把两方面都做到了才真正具有了强大的执行力。

想一想，你自己在工作中出现问题的时候，是将问题推给上司还是自己去寻求解决方法？你是否整天浑浑噩噩地混日子，每次遇到同样的问题都不知道思考原因？在我们生活中，有太多这样的人了。所以这也是为什么许多企业一直毫无起色的原因，因为它们没有具有思考性和执行力的员工。当然，也有些员工，今天一个点子，明天一个想法，但永远都是无法落实的空中楼阁，结果耽误了工作，也荒废了青春。

无数事实证明，空想和"死做"都要不得。整天空想的人头脑里想的都是水中月、镜中花，虽然很美，但是不具操作性。整天"死做"的人像老黄牛，看似勤劳辛苦，其实没什么特别的竞争力，换别的人来依然可以做这些事情。

只有一边做一边思考，在实践中总结、反思，才会不断有好的想法。

作为一个有竞争力、有执行力的员工，在从事一项工作的时候，要一边做一边思考，问自己这样做是最好的方法吗，有没有更好的方法，别人是不是做得更好，做得更好的人是怎么做的。只有通过不断思考、改进、吸收借鉴、果敢行动，才能让自己不断前进，进而推动企业不断走向成功。

韩国三星是在短短几年内快速成长为国际一流企业的。从负债170亿美元到成为全球最大的内存芯片制造商、显示器和彩电制造商，以及第一大 CDMA 手机制造商，三星电子创造这样的商业奇迹只用了5年时间。三星的成功绝非偶然。对三星最有影响的是三星的董事长李健熙，他也是隐藏在三星幕后的亚洲最神秘的商业人物。

韩国三星的创始人李秉哲先生是李健熙的父亲。早年，李秉哲把他送到日本去读书，临行前父亲告诉他，看日本人是如何做的，仔细想想，回来后他们韩国人应如何做。

李健熙毕业后到三星工作。1987年11月，李秉哲去世后，李健熙做了三星集团会长。经过5年的研究，他作出判断：三星电子"癌症晚期"；三星重工"营养失调"；三星建设"糖尿病"；三星化工"先天性残废"，一开始就不应该存在；三星物产株式会社就不用说了。李健熙决心改造韩国三星。

但真正促使三星变革的原因，在于海外考察的结果令李健熙十分震惊。在洛杉矶的家电卖场中，四处可见美国通用电气、惠而浦，荷兰的飞利浦，日本的索尼、东芝等世界一流商品，这些世界名牌产品以一流的设计与性能在卖场上聚集高度人气。卖场中也有三星的产品，然而三星的产品上落满厚厚的灰尘，被随便放置在卖场角落。李健熙等一行人看到此番情景感到十分震惊。在韩国属于最高等级的三星产品，在全球市场中竟受到这样的歧视对待，李健熙的心情非常沉重。

1993 年，在推动"二次创业"的第二阶段，李健熙挑战员工自认为"三星就是一流"的错觉。李健熙强调："现在不是能不能做得更好的问题，而是站在生死存亡的交叉路口，我们的产品要赶上先进国家的脚步，还有很长一段距离，大家要抛开只做二流的想法。如果不能成为世界第一，企业将无法继续生存下去。"

1993 年 7 月，李健熙在东京会议发言时说："我们三星明显只有二流水准，简直太不像话了，为什么需要售后服务呢？为什么不将产品制造到不会发生问题呢？""员工制造出不良的产品，也不会觉得丢脸或者生气。""我们应该如何以最便宜、最快捷的方法做出最好的产品，才是关键所在。"

李健熙对手下的日本员工说："各位日本员工，听说你们做事情都力求完美，为什么韩国三星的东京仓库里有那么多堆积如山的退回来的洗衣机、彩电、微波炉呢？是不是你们有两条标准，为日本老板做事就追求完美，为三星就不这样做呢？"日本员工代表说："其实不是这样的。韩国三星拼命打电话过来催，说快一点、快一点，尽量快一点，催促我们多生产产品，去抢占市场份额，于是我们就顾不上品质了。所以今天仓库里面有这么多堆积如山的东西卖不掉，就是这个原因造成的。那些洗衣机、电视机、微波炉，我们也想做好一点，但生产速度太快，就来不及顾及质量了啊！"

李健熙终于明白了，他说："过去的事都是我们的错，那么就到今天为止，不要再追究了。各位员工，你们可不可以从明天开始，哪怕是只做一台洗衣机、一台电冰箱、一台微波炉，都应做好，哪怕是只做一台！"从此以后，韩国三星每做一台电冰箱、一台洗衣机、一台微波炉，都努力做好，强调以质量管理和力求变革为核心，彻底改变当时盛行的"以数量为中心"的思想。

改变，往往就在行动中萌芽、在思考中完善。一个企业，一个人，如果不能在行动中思考，那结果一定会走偏，甚至背道而驰。三星集团会长李健熙带领三星成长的故事非常值得普通员工借鉴：不满足于现状、吸收别人所长，对自己的发展方向及时作出规划，这正是在行动中思考的一种工作态度。在信息化的现代社会，金融危机、裁员成为流行词的今天，如果你还不能看清自己的现状，边做边思考如何提高自己，那你将很快就被淘汰。

执行要点

有执行力的员工，要一边做一边思考。只有通过不断思考、改进、吸收借鉴、果敢行动，才能让自己不断前进，进而推动企业不断走向成功。

在流程中改善

我们用发展的眼光来看，任何流程都没有十全十美的，都有可以改善的余地。可是，这个改善是由谁提出来呢，老板还是主管？其实都不是，工作流程的改善应该由从事这项工作的员工提出来。因为员工具体负责这项工作，所以最了解这个工作流程，知道其中的问题出在哪里。假如有一天，你的上司对你说："这个工作流程有问题，我们可以改善一下。"这说明，你已经失职了。一个执行力强的员工，总是不断思考更好的方法，不断优化、改善工作流程。

这是一个竞争加剧和变动加快的时代，顾客的需求日益多样化，传统的流程框架在不断接受着顾客新需求的挑战。因此，在我们的工作中，流程出现的问题随处可见，比如客户抱怨处理时间过长；设备因使用不当或缺乏保养，经常出现故障；人员闲置，但各单位又经常抱怨人力不足；计划或决定常因中间环节过多，而未能执行到位……这些流程问题，如果不及时改善，就会影响企业的竞争力。作为员工，你是否发现了企业里的类似问题？是否思考了有没有更好的方法？是否向领导提出过改善建议？

在这里，我们要特别强调一种"解码"能力，即员工将自己的愿望，"解码"为自己工作的操作细节，"解码"为自己应该担负的工作责任的能力。事实上，在我国企业中，员工的"解码"能力不强是普遍存在的现象，其主要原因就是有很多员工不能自己发现问题、思考问题和解决问题。

不会发现问题就不知道标准和现状之间的差距在哪里，到头来做了很多无用功，不光累了自己，还会给企业目标的完成带来阻碍。所以，作为员工，在执行领导交给的任务时，一定要善于发现问题，知道什么是对的、什么是错的，在对和错之间能够作出正确的选择。一味埋头苦干，等辛苦干完了才发现与原定目标相距甚远，不仅领导不满意，自己都很难满意，看着自己辛苦所做的一切，不禁发出"早知如此，何必当初"的感叹。

问题出现了，我们就要思考问题出现的原因：为什么会产生这个问题？什么时候产生的这个问题？为什么别人没有？通过不断深入的思考，找出问题出现的原因，找到原因后还要进行整合和总结，分清楚主要原因和次要原因，找出根本原因。

比如，有位男士昨天晚上开车从青岛去威海，结果在路上出了车祸。经过分析后，我们找到三个原因：

第一，他喝了酒；

第二，昨天晚上在他从青岛到威海的所经过的路，有一段在修，路面凹凸不平；

第三，昨天晚上天公不作美，下了雨。

可是这三个原因中哪个是根本原因呢？我们继续分析：昨天晚上他如果喝了酒，就算路面没有凹凸不平，天也没有下雨，也极有可能发生车祸。虽然路面凹凸不平，但经过的汽车不止一辆，而且昨天晚上下雨，对每个开车的人都会有影响，可是结果出车祸的只有他，这证明真正的原因是喝酒。如果他没有喝酒，就算下雨和修路也不太可能出车祸。也就是说，下雨和修路不是出车祸的根本原因，酒后开车才是根本原因。

根据一场车祸，通过思考，我们得出三个原因，对三个原因分别进行分析和整合后，得出了这场车祸的主要原因和次要原因。在工作中也是如此，发现问题后，也许一时找不到原因所在，那就要进行分析，分析后会发现主要原因和次要原因，如此几次之后，不但提高了业务水平，而且处理问题的方法也将大有改进。

发现了问题，通过思考找到了出现问题的原因所在，那么接下来就是怎么解决这个问题。解决问题是对工作能力的一个融会贯通的过程。通过解决问题不断学习和总结，避免类似的问题再次发生，为自己和其他人树立一个不犯类似错误的榜样。

南方航空公司湖南分公司的机务维修连续 100 个月没有差错，树立了中国民航维修的新标杆。

这个公司是怎么做到的呢？该公司找了 20 多个在公司服务了 10 年以上的专业骨干，写出一本《维修法典》，然后把《维修法典》送到厂库里面去检验，经过不断的调试修改，得到真正的结果。同时，别的公司发生问题时，他们会派人到那里支援，然后从别人那里学到经验教训，回来以后进行讨论，如果在自己身上发现了类似情况该怎么办，那么就会举一反三，防患于未然。

后来，《维修法典》就成为湖南分公司的一本重要参考书，这就是南方航空公司湖南分公司能够机务维修连续 100 个月没有差错的主要原因。

解决问题的过程就是一个不断总结、改进和完善的过程，一个有所成就的人就是通过解决掉一个又一个的问题成长起来的。

一个拥有发现问题、思考问题和解决问题的能力的人，一定是一个执行力非常强的人。在企业中，执行力强的人多了，企业的战略才能被强有力地执行下去。

我们不愿看到的是，在一个企业内部，所有人对一切不合理的现象都熟视无睹，对一切都无所谓，得过且过。这样的企业就像一潭死水，早晚会被市场的大潮所吞没。

执行要点

一个执行力强的员工，总是不断思考更好的方法，不断优化、改善工作流程。

③

商界领袖眼中的高效执行力

对于高效执行力这个问题，我们来看看包括中国在内的世界上一些知名企业家的看法。

高效执行力就是消灭妨碍执行的官僚文化

每个企业都希望找到实现持续成功的灵丹妙药，但它到底在哪里？让我们回顾历史，一百多年前，纽约证券交易所在开盘时，选取了十几家当时最大的公司作为道琼斯指数股，而一百多年后的今天，只有 GE（通用电气公司）还依旧是道琼斯指数股。是什么使得 GE 能基业长青？原因很多，但无疑，GE 卓越的企业执行力在其中扮演了举足轻重的角色。

GE 执行的有力推动者之一是大家非常熟悉的前任 CEO 杰克·韦尔奇。杰克·韦尔奇对执行力的观点是："通用最痛恨官僚主义，我们要杜绝将资源浪费在行政体系上的做法，摒弃所有仅有美丽外壳的计划与预算。"

杰克·韦尔奇的观点是，所谓执行力就是把妨碍执行的一些官僚主义的做法以及徒具外表的空壳子统统摒弃。

韦尔奇，从 GE 最基层的一个实验车间的化学工程师，一步步脱颖而出，20 年后终于登上 GE 最高层的权力宝座。他完好地保持了独特的、与官僚作风格格不入的"杰克式"的激情，坚决摒除 GE 这个"多元帝国"的官僚主义，以强硬的作风、追求卓越的理念推动着 GE 业务的重组，包括：

※ 构筑"数一数二"和"三环"战略（核心、技术、服务）；
※ 实现 GE"6Q 管理、全球化、E 化、听证会"四大创举。

这种充满活力的激情，成为韦尔奇出任 CEO 后进行一切改革的原动力。他历经旧体制的层层曲折，深知哪里有最阴暗的深处，哪里有无所事事的敷衍，所以，"刀斧"所到之处，必斩而后快，绝不手软。为此，他曾有"中子弹杰克"、"美国最强硬的老板"之称。

执行要点

> 一个公司的实力不是体现在它的大楼上，也不在它的人员上，更不在它的会议上，而是体现在它的贯彻力度上，也就是杰克·韦尔奇所说的执行力上。

高效执行力就是任用会执行的人

中国著名的企业家，联想集团的创始人柳传志先生，被公认为近年来非常有影响力的企业领袖之一。柳传志先生把执行力归结为这么一句话："选拔合适的人到恰当的岗位上。"

柳传志先生的观点是，所谓的执行力，就是选拔合适的人，让他在合适的岗位上工作。

过去，联想最为人称道的就是它强大的执行力，这与柳传志所受的军事教育密不可分。而柳传志选拔的接班人，就是前面提到的执行力非常强的杨元庆先生。

如何才能选对人、用对人？对此，管理学大师彼得·德鲁克有如下总结：

※ 着眼于一定数目的候选人并扬长避短；

※ 与几个曾和候选人一起工作过的人讨论每一位候选人；

※ 仔细推敲任命，尤其要把握好任命的核心和性质；

※ 确保被任命者了解职位；

※ 不要冒险给新来的干部安排新的重要工作；

※ 及时纠错。

在这六条原则中，第三、五、六条执行起来最难，教训也最多。国内众多"空降兵"的失利大都与此有关。很多职业经理人正是因为被放在了错误的位置上，所以不仅不能提升企业执行力，反而会造成不必要的管理"冲突"。如果一个职位接连使两个人栽了跟头，领导者就不应该再去祈求"伯乐"发现新的"千里马"，而应该取消这一职位。除非有所改变，否则它还会像击败前两个人那样，击败第三个上任者。

组织的效率需要合适的人才来保证，个人的执行力水准是一个基本的要素。一个再完美的战略也会死在没有执行力的管理者手中。为了更好地实现经营目标，必须反思管理者的角色定位——管理者不仅仅要制定战略，还应当具备相当的执行力。战略与执行力对于企业的成功缺一不可，二者是辩证统一的关系。

战略是企业发展的指南，要根据战略来制定执行方案：一方面，管理者制定战略时应考虑这是不是一个能够得到彻底执行的战略；另一方面，管理者需要用战略的眼光诠释执行。好的战略应与执行力相匹配。

执行要点

如果一个职位接连使两个人栽了跟头，领导者就不应该再去祈求"伯乐"发现新的"千里马"，而应该取消这一职位。

高效执行力就是在每一环节都力求完美

迈克尔·戴尔当初创办的一个攒电脑的小公司发展到 2001 年，一举取代康柏而成为全球最大的个人计算机制造商的根本原因，就在于戴尔公司具有超强的执行能力。他对执行力的看法是："一个企业的成功，完全是由于公司的员工在每一阶段都能够一丝不苟地切实执行。"

戴尔公司"接单生产"的做法与传统生产方式的区别在于：工厂是在接获客户订单后才开始生产。戴尔重视从供货商到工厂组装再到送货的各个环节，要求每个环节都要一丝不苟地以最快的速度完成，迅速满足顾客的需求。戴尔公司这种快速反应能力、高效执行能力令其击败了众多对手。

● 第三章
工作态度决定执行力

工作态度不同，决定了结果的不同。执行力并不是工具，而是工作态度。工作态度好的人，执行力就强；工作态度差的人，执行力肯定无法令人满意。

领导将一份工作交给甲、乙两个能力相差不多的人，面对同样的工作，甲积极主动，做事认真，对工作完全投入；乙拖拖拉拉，工作毫无主次，不敢承担责任，对工作中的各个环节认为差不多就行，不力求尽善尽美。结果，甲取得了超乎老板预想的完美成绩，乙却连本职工作也完不成。

以上结果为什么会相差如此之大？关键是因为两个人的工作态度不同。工作态度不同，决定了结果的不同。执行力并不是工具，而是工作态度。工作态度好的人，执行力就强；工作态度差的人，执行力肯定无法令人满意。

很多人是因为工作态度始终不够认真，导致执行力存在很大偏差。因此，要想拥有较强的执行力，首先要注重培养员工的工作态度。

一项工作，做到什么程度算好？我认为做到最好才算好。好到不能再好了，也就达到了完美。

比如你得了80分，要想办法达到85分；达到85分了，再想办法达到90分，然后是95分、96分……不断努力，不断在否定中提高自己，直至做到最好。

我们对待工作，绝不要抱着无所谓、马马虎虎、得过且过的态度。面对每份工作都积极开动自己的大脑，勇于承担责任，不为失败找理由，不让抱怨成习惯，每个环节都力求完美，那么你的结果一定是最好的。

① 凡事追求完美

多做事情，少问问题

我们国内的企业家、管理者，通常遇到的最大麻烦就是，交代下去的工作，手下的人往往问一大堆问题，很少有几个人能够马上去做。也许我们问得太多、做得太少了。

很多人都知道把信送给加西亚的故事。

美西战争爆发后，美国必须立即与西班牙的反抗军首领加西亚取得联系。加西亚在古巴丛林里，没有人知道确切的地点，所以无法带信给他。然而，美国总统必须尽快地获得他的合作。

怎么办呢？

有人对总统说："有一个名叫罗文的人有办法找到加西亚，也只有他才找得到。"

他们把罗文找来，交给他一封写给加西亚的信。并对他说："这是一封非常非常重要的信，请交给加西亚。"罗文接到这封信后，只说了一句："我会尽全力。"然后藏好这封信就出发了。

关于罗文如何把那封信交给加西亚的细节并不是我想说明的。我要强调的重点是：美国总统把一封写给加西亚的信交给罗文，而罗文接过信之后，并没有问"他在什么地方"。

这是一种敬业精神，对上级的托付，能够立即采取行动，全心全意去完成任务——"把信交给加西亚"。企业需要这样的员工，也只有这样的员工才是一名具有执行力、合格的员工。那些懒懒散散、对事漠不关心、做事马马虎虎的人都是被动地做工作，在领导交给一项任务时，总是抱怨、推脱、问这问那，最后可能事情还完不成。

我们来做个试验：

你此刻坐在办公室里，周围有 6 名职员。把其中一名职员叫来，对他说："请帮我查一查百科全书，把某某的生平做成一篇摘录。"那个职员会平静地说："好的。"然后他会去执行吗？

我敢说他很可能不会，而会满脸狐疑地提出数个问题：

他是谁呀？

他过世了吗？

哪套百科全书？

百科全书放在哪儿？

这是我的工作吗？

为什么不叫别人去做呢？

急不急？

你为什么要查他？

……

这样的人，总是问得太多，做得太少，缺乏工作主动性。这样的员工，永远都是为了一日三餐而奔波的人，因为他没有主动性，不知道自己的目标在哪里，也不知道自己做事的意义是什么。

上级交给你一个任务，就是给你一个目标，至于采取什么方式去实现目标，那就是员工应该考虑的问题。目标是虚的，而执行力却是由实实在在的工作组成的，如果领导交给员工的工作，员工都能不多问一句地完成好，这样的员工还怕没有成功的那一天？

没有任何借口

无论是一名战士还是一名员工，要完成上级交付的任务就必须具有强有力的执行力。接受了任务就意味着作出了承诺，而实现不了自己的承诺是不应该找任何借口的。可以说，工作就是不找任何借口地去执行。

没有任何借口是执行力的表现，这是一种很重要的思想，体现了一个人对自己的职责和使命的态度。思想影响态度，态度影响行动，一个不找任何借口的员工，肯定是一个执行力很强的员工。

在美国西点军校，学生在受训的时候，回答长官的话都非常简单。只有四句话：第一句是"Yes，sir"（是的，长官）；第二句是"No，sir"（不是的，长官）；第三句是"I don't know，sir"（我不知道，长官）；第四句是"No excuse，sir"（没有任何借口，长官）。这四句话是西点军校的名言。

在西点军校有个一年级的新生，他的长官在叫他入列的时候，发现他的皮鞋上面有一点泥巴，长官就问："你的鞋上为什么会有泥巴？"新生回答的是西点军校的第四句名言"No excuse，sir"。

如果在企业里，当领导问你的工作为什么出现纰漏的时候，你若能够回答这句话，而不是讲一大堆找借口的话来应付领导，那么你就是个执行力非常强的员工。

巴顿将军在他的战争回忆录《我所知道的战争》中曾写到这样一个细节：

我要提拔人时常常把所有的候选人排到一起，给他们提一个我想要他们共同解决的问题。有一次，我说："伙计们，我要在仓库后面挖一条战壕，8英尺长，3英尺宽，6英寸深。"我就告诉他们那么多。仓库有窗户和大节孔，候选人检查工具时，我走进仓库，通过窗户和节孔观察他们。我看到伙计们把锹和镐放到了仓库后面的地上。他们休息几分钟后开始议论我为什么要他们挖这么浅的战壕。有的说6英寸深还不够当后炮掩体。其他人争论说，这样的战壕太热或太冷。还有军官抱怨他们不该干挖战壕这种普通的体力活。最后，有个伙计对别人下命令："让我们把战壕挖好后离开这里吧，那个老畜生想用战壕干什么都没关系。"最后那个伙计得到了提拔。我必须挑选不找任何借口完成任务的人。

无论什么工作，都需要这种不找任何借口去执行的人。对我们而言，无论做什么事情，都要记住自己的责任，无论在什么样的工作行为上，都要对自己的工作负责。不要用任何借口来为自己开脱或搪塞，完美的执行是不需要任何借口的。

"拒绝借口"应该成为所有企业追求完美的最有力的保障，它强调的是每一位员工都应该对自己的职业行为准则奉行不渝，没有任何借口地坚定执行，而不是为没有做好自己的工作去寻找任何借口，哪怕看似合理的借口。不以任何借口为理由并不是最终的目的，这种要求是为了让个人学会应对压力和挑战，培养自己不达目的决不罢休的毅力。它让每一个员工懂得：工作中是没有任何借口的，失败是没有任何借口的，人生也没有任何借口。

领导在不在都一样

在"工业学大庆"的时代，大庆人强调树立"三老四严"、"四个一样"的作风。其中"四个一样"是指：黑夜和白天干工作一个样；坏天气和好天气干工作一个样；领导不在场和领导在场干工作一个样；没有人检查和有人检查干工作一个样。其实，这就是一种认真自主的工作态度。铁人王进喜就是在这样一种精神指导下，带领他的团队实现目标的。

有些人，有领导看着的时候就认真干一会儿，没有领导看着就懒散松懈下来。领导在时，听到办公室里噼里啪啦的键盘声，人人聚精会神，一副不完成任务誓不罢休的样子。领导刚一转身，人就松懈下来了，慵懒地靠在椅子上，目光散漫，不知道自己要做什么。员工缺乏执行力，没人监督时就偷懒，老板在与不在时表现得完全不一样。这是一种不认真的工作态度，也是工作没有自主性的表现。永远在"皮鞭的驱赶"下才去工作的人，永远都不会成为一个成功的人。

报喜也报忧，勇敢担责任

在一些企业中，有些员工报喜不报忧的问题相当严重。有的人在向上级汇报工作时，对成绩和好的方面极力渲染，对问题和缺点则轻描淡写、讳莫如深，以期大事化小、小事化了；有的人对报忧的人横加指责、施加压力，甚至打击报复。

这些做法，不仅妨碍了上级对真实情况的了解和掌握，容易形成误导，造成决策失误，而且贻误了解决问题的时机，使小矛盾变成大矛盾，小错酿成大祸，给企业造成重大损失。同时，也会使其他员工诱发投机心理，助长弄虚作假之风，败坏企业风气。

其实，这种报喜不报忧的心态，正是缺乏责任感的一种表现。报喜不报忧的人对任何事情都得过且过、马马虎虎，总是试图用遮掩问题和淡化问题来推卸责任。

一个人在犯错误后，推卸责任或者将责任归于外部，以减轻自己内心的负担，这种现象几乎是人类的共性。但是一个执行力强的人肯定是一个勇于承担责任的人，因为一个不愿承担责任的人，在工作中一旦出现问题，就会找各种借口来推卸与逃避。在工作中出现问题时，关键是如何不让问题再一次发生。这时如果有人主动承担责任，大家就会很快静下心来寻找解决问题的办法，否则大家就会把时间都花在推测谁是责任者上。这种纠缠在领导者眼中没有任何意义，除非确实能起到杀一儆百的作用。

在一些外国的公司中流传着这样一句话，即"Always solution, never excuse"（永远寻找解决方案，不要怨天尤人）。一个人能勇于承认错误，就意味着向成功迈出了一步。

有些人把承认错误视为一种软弱的表现，认为承认错误就是承认失败与暴露不足，而实际上文过饰非只是自欺欺人的一种表现，它会使你失去改进的机会，而错误也终究会表现出来，真到那时，你的信誉就会一落千丈。

掩盖问题、报喜不报忧、推卸责任，这些坏毛病与我们从小的生活环境密不可分。

假如一个中国小孩子和一个日本小孩子同时不小心撞到了桌子上，痛得大哭。这时候，中国妈妈和日本妈妈对这件事情的态度是截然不同的。

中国妈妈的第一个动作往往是打桌子，当然这是我们哄小孩的一种方法，可是这却在无形之中告诉了孩子：责任在别人。

日本妈妈则把孩子带到旁边说："来，再走一次。一个人跑步会撞到桌子有三个原因：第一是跑步的速度太快，停不住；第二是眼睛一直看着地而没有注意前方；第三是心里面不知道在想什么。你是哪一种呢？"

从上面的小故事可以看出，日本的家长非常注重对孩子责任心的培养。桌子是没有生命的，母亲不能把孩子撞到桌子的责任归咎于桌子，推卸责任是不可取的。

同样，一个执行力强的人在面对问题时，总是勇于承担责任，出现问题时多从自身找问题。

要使自己承担起责任，就必须同上级一起为每一项工作制定目标；确保自己的目标与整个团队的目标一致，也是明确所有成员的责任；此外，还必须使工作富有挑战，以便通过工作使自己有所成就。

执行要点

在工作中，报喜也要报忧。出现问题时，要主动承担责任，静下心来寻找解决问题的办法。

及时承认错误，尽快解决问题

在我的大女儿快要满周岁时，一个星期天的早上，女儿拿了一个盒子一样的东西坐在床沿上玩。我太太在整理床铺，她一拉床单，女儿就掉在了地上，哭了起来。我就走了过去，没想到，我太太看到我的第一句话就说："我以为……"我还没等她讲下去就打断她的话说："我替你把话讲完。我以为女儿晃一下不会掉下去的。我以为她像孙悟空那样翻一个筋斗就能站好了。一个东西在这里，一拉床单，它会掉下去，这在物理学上叫做惯性定理，初中就学过了。你是师范大学的毕业生，读过研究生，你不会不懂这个道理吧？所以你不能跟我讲'我以为'，你应该说'这是我的错，我忘了惯性定理'。"

我太太是个 B 型血的人，凡事习惯大而化之。她嫁给我这么多年来，已经慢慢被我纠正过来了。再碰到类似的事情，她不再是这个样子了，她会说："我刚才犯了一个错误。"我就对她说："我可以谅解任何错误，但我不喜欢听辩解，你知道自己错了就很好。"在我们家这是文化，我两个女儿也从来不讲"我以为、我猜、我想、大概是"这样的话。

"不停地辩解"可以说是一种恶习，但是无论在生活还是工作中，拥有这种"恶习"的却大有人在。他们总是找一个人当替罪羊，拉一个人当挡箭牌。"我以为"就是一个辩解的口头语，很多人犯错误以后经常会用这三个字为自己辩解。当错误出现时应少讲"我以为"，不要相互推卸责任，而是要及时承认错误，尽快解决问题，只有这样才能大大提高企业的工作效率。

情景一:

董事长:余总经理,你注意一下,我们的钢铁销量最近正在下滑。

总经理:对不起董事长,这是我的错,我马上召集有关人员调整销售策略。

董事长:西班牙瓦布贝尔家具最近不太好卖,怎么回事儿?

总经理:这也是我失察,我会尽快找出解决方案。

董事长:还有,余总经理你注意一下,听说那个王副厂长最近闹情绪,不大想干。

总经理:……

情景二:

董事长:余总经理,你注意一下,我们的钢铁销量最近正在下滑。

总经理:董事长,这是因为韩国釜山钢铁最近一直在美国不停地降价,我也没有办法呀。

董事长:西班牙瓦布贝尔家具最近不太好卖,怎么回事儿?

总经理:我以前提醒过您不要进口西班牙大理石的家具。

董事长:还有,余总经理你注意一下,听说那个王副厂长最近闹情绪,不大想干。

总经理:我听说那个家伙在外面"包二奶"……

一个是主动承担责任，另一个是为自己不停辩解，哪个更令领导满意，更有助于问题的解决？答案不言自明。

辩解只会让问题越抹越黑，掩盖事实真相，从而让事实沉入辩解的沼泽中，对问题的解决毫无益处。工作中出现问题，应第一时间面对问题，实事求是地分析问题出现的原因所在，寻求各种方法去解决问题。

执行要点

当错误出现时应少讲"我以为"，不要相互推卸责任，而是要及时承认错误，尽快解决问题，只有这样才能大大提高企业的工作效率。

与其抱怨，不如先改变自己

一般人失败的原因往往是不愿意对自己负责，总是从其他人身上找自己失败的借口。如果仔细观察你会发现，这些失败者天天都在抱怨。例如，一个业绩不佳的汽车销售人员，就总是抱怨公司训练得不够多、广告打得不够大、车子的种类不够多样、颜色不够丰富等等。但事实上，这对自己并没有任何的好处。

陈武刚是中国台湾人，50岁的时候破产了，到处借债，能借的钱都借了，几乎走投无路。但他的太太却说："即使已经破产，口袋里根本没钱，我老公仍然每天穿着西装，打着领带，拎着公文包，开着车上班，像个董事长一样，不被失意击倒……"

这段话给我的印象特别深刻。即使有一天你破产了，也不要逢人就诉说你的痛苦与遭遇，抱怨命运对你的不公。就算公司门一打开，只有两个人——一个是你，另一个是清洁工，你也要像陈武刚一样，西装笔挺，自己泡杯咖啡，像个董事长一样坐在那里上班。

人是很奇怪的，你活得像个董事长，你就是个老板，没多久机会就会来了。陈武刚就是如此，很快他就有了一个机会，那就是克丽缇娜，简称克缇，开启了直销业的大门。

陈武刚于1989年在台湾创立克丽缇娜，十几年后把克丽缇娜打造成了一个成功的直销商，连续数年蝉联台湾直销冠军宝座，并发展到大陆，近3000家克丽缇娜美容连锁店遍布中国各大城市。当前，克丽缇娜更是迈开了国际化步伐，产业遍布13个国家和地区……

我们会经常听到这样一些抱怨："北京比较好做，天津比较难做；我宁愿在大连，我不喜欢在长春；我最不喜欢销售部了，我喜欢计划部……"如果每个人都这样，必将一事无成。一个人要充分认识自己，而不要常常去研究其他部门和其他人。

行业之间是截然不同的，部门也各有分工，因此不能说我的工作比别人的工作面临的挑战更大，我的工作比别人的工作困难得多，与其强调客观，不如从自身入手，先从改变自己做起。

坦诚面对批评

金无足赤，人无完人，任何人都有犯错误的时候。犯了错误，我们是坦然地接受批评，还是选择逃避？面对批评时的不同态度，可以反映出人的执行力强弱。

有些人性情比较暴躁，或者不太喜欢听取别人的意见，一旦有人向他们提出批评，他们的第一反应就是进行反驳。但是反驳并不能使问题得到解决，相反还可能会使矛盾进一步激化。因此当对方提出批评意见时，正确的做法是应该认真地倾听，即便有些观点自己并不赞同，也应该让对方先讲完自己的道理。另外，还应该坦诚地面对批评者，表现出愿意接受批评的态度。

还有一些人在进行批评时，虽然说了一大堆，却很难让人明白他具体在批评什么。

如果遇见这样的批评者，我们应该礼貌地让其讲明批评的理由，最好能讲出具体的事件。这样可以使人清楚地明白自己在哪些方面还存在问题和不足。另外，这也可以让无中生有的批评者知难而退。

能够接受别人的批评，体现了一个人虚怀若谷、谦虚进步的胸怀。在接受别人批评时，不要去猜测对方批评的目的，而应该将注意力放在对方批评的内容上。面对批评者，无论批评的内容是对还是错，都要表现出认真倾听的态度。

有人肯批评你，是因为他在意你，希望你更完美。在自己身边，时刻有一个督促自己积极上进的人，是自己成功的动力。

执行要点

当对方提出批评意见时，正确的做法是应该认真地倾听，即便有些观点自己并不赞同，也应该让对方先讲完自己的道理。

心态积极，主动执行

思想决定行动，积极的思想会产生积极的行动。如果一个人的内心非常积极，表现出来的就是一种坚持、一种投入和一种认真。

所以说，人要阳光，不要阴暗；人要积极，不要消极；人要乐观，不要悲观。积极乐观的人会经常把笑容挂在脸上，而不是每天一早起来就心事重重、愁眉不展，把心事都藏在心里不与人倾诉，整个人看起来非常郁闷。

成功学大师拿破仑·希尔说："人的学历、能力、运气、财产，对他的成功并不起决定作用，起决定作用的是积极的心态。"

我们生活在高速发展的现代社会，每时每刻都会遇到一些新的挑战和挫折。人的一生不可能永远一帆风顺，总会经历一些曲折和坎坷。在这些困难面前，有人退却了，并怨天尤人；也有人脱颖而出，成为强者或名人。这一切，就在于一念之差。而所谓的一念之差，其实就是一种态度——面对生活、面对工作、面对人生的态度。

拥有积极的心态，自动自发地工作，凡事主动执行，我们离成功就不远了。

无论是一个国家、企业，还是个人，如果没有积极主动的心态，怎能拥有强大的执行动力和工作积极性？

所以，积极的心态是非常重要的，它甚至决定了一个企业、一个民族的存亡。

有一次，在台湾高雄，我陪太太去大统百货买东西。有一个很可爱的小姑娘负责开电梯，从她开门到关门以及介绍楼层的用语和态度，我都觉得她做事非常规范。

我悄悄地对太太说："这个小姐用不了多久就看不见了。"

"为什么？"我太太问我。

"我猜会有人把她挖走。"

"你怎么知道？"

我说："你看，这个电梯每天上下几百次，每一次都有十来个人进去，挤的时候人更多。这里面一定有很多董事长和总经理。我会欣赏的人，别人也会欣赏；我想挖的人，别人也想挖。我猜她很快就会被挖走。"

我太太问："是你先挖？"

我说："不。不管是谁先挖，反正她很快就会离开了。"

几天后，我再去乘那个电梯时，发现那个小姐果然不见了。

人的一辈子，被人赏识的机会不是很多，碰到了就要马上抓住，积极的人就非常会把握机会。如果你被上司赏识，你一定要积极努力地去抓住机会，因为机会很容易错过，错过了这次机会，也许你一辈子都不会再遇到同样的机会，成功也会离你越来越远。

执行要点

> 人要阳光，不要阴暗；人要积极，不要消极；人要乐观，不要悲观。

消极的人，在遇到困难挫折的时候会一蹶不振，而积极的人会在跌入人生低谷的时候扭转局势，反败为胜。其实，小到个人、企业，大到国家、社会，都有遇到逆境的时候，关键看你怎么选择，成功的人总是能从失败中寻找机会。

艾柯卡曾任职于世界汽车行业的领头羊——福特公司，由于其卓越的经营才能，他的职位节节高升，直至成为福特公司的总裁。然而，就在他的事业如日中天的时候，成为福特公司老板的福特二世却出人意料地解除了艾柯卡的职务。原因很简单，因为艾柯卡在福特公司的声望和地位已经超越了福特二世，所以福特二世担心自己的公司有朝一日会改姓为"艾柯卡"。

此时的艾柯卡可谓跌入了人生的低谷，他坐在不足10平方米的办公室里沉思良久，终于毅然下了决心：离开福特公司。在离开福特公司之后，有很多世界知名企业的老板都曾见过他，希望他能加盟，但都被艾柯卡婉言谢绝了。因为他心中有一个信念：从哪里跌倒的，就要从哪里爬起来！

他最终选择了当时美国第三大汽车公司——克莱斯勒公司，这不仅因为克莱斯勒公司的老板曾经三顾茅庐，更重要的原因是此时的克莱斯勒已经是千疮百孔、濒临倒闭。他要向福特二世和所有人证明："我艾科卡不是一个失败者！"

入主克莱斯勒之后的艾柯卡，进行了大刀阔斧的整顿和改革，终于带领克莱斯勒走出了破产的边缘。艾柯卡拯救克莱斯勒已经成为一个著名的商业案例。

在人生低谷的时候，如果艾柯卡就此认输，就不会有今天的克莱斯勒。反败为胜是一种勇气，一种不甘失败的积极心态。我们在工作中、生活中，都非常需要这种心态。

② 诚信令执行无偏差

智联招聘网的CEO刘浩先生说过一句话："选人首先要注重诚信，一个人一旦不诚信，他的执行力就会打折扣。"对于个人来说，诚信意味着要对自己诚实、对客户诚实、对公司和工作诚实，只有做到诚实，才能明白自己的优势与不足，知道客户到底需要什么，才对得起自己的薪水。

说了就要努力做到

华盛顿曾说过："自己不能胜任的事情，切莫轻易答应别人；一旦答应了别人，就必须实践自己的诺言。"在日常生活中，我们经常会不经意地作出一些承诺，即使没有做到也觉得无所谓，认为不就是一件小事情嘛。

有一天晚上下雨，我正在客厅里看报纸。听到太太的车子从外面进来，女儿就从楼上冲下来。她兴奋地跑到门口，把门打开，正好我太太走进来。女儿问："妈妈，给我买的巧克力饼干呢？"我太太说明天再买。女儿一听就不高兴了，说妈妈骗人。

我走过去问发生了什么事，女儿说妈妈晚上出去时，答应要给她带巧克力饼干回来，结果妈妈没有买。于是，我就要求太太和我一起，冒着大雨，出去给女儿买了一盒饼干。尽管这只是件芝麻小事，但我认为父母答应孩子的事一定要做到，否则就是不诚信。有不诚信的父母将来就一定会有不诚信的孩子，有不诚信的员工一定会有不诚信的企业。诚信要从小事做起，说到做到。

有一次，我到沈阳出差，朋友知道我平时很忙、很累，喜欢做足底按摩来疏解压力、缓解疲劳，于是带我去做足底按摩。

做足底按摩的时候，我把表摘下来摆在桌上，那个替我按摩的小姑娘说："这表好漂亮！"我那只表是日本精工的，表盘呈紫红色，很少见，看起来很美。

"这表好漂亮，是在哪里买的呀？"

"是在台湾买的，要不要我帮你搞一只。"

我随口说了一句，之后就开始后悔了，因为我这句话一讲出来，她就说："好啊！谢谢了！"

她只是个小姑娘，我当然不好意思说："我的意思是要你拿钱我去帮你买一只。"我只好说："好，我回去帮你找。"

我回到台湾就去买那只表，但找不到，因为那是四年前的纪念表，已经停产了。我爸爸的一位朋友是做手表生意的，所以我就拜托他到香港去帮我找，终于找到了。

后来我去沈阳出差，就去找那个小姑娘。我特意戴着原来的那块表，我说："你还记得去年我来这里做足疗，你看过这块表吗？"她说："是啊，先生。那表很漂亮，我还记得。"我就把那只表拿出来说："这只表我送给你。"她高兴地收下了那只表。

诚信，就是答应别人的事情一定要做到。虽然后悔自己说过的话，但说过的话如同泼出去的水，是不能收回的。我到现在都不知道那个女孩姓什么、叫什么。不管对什么人，自己的女儿或是陌生人，做不到的事情不要说，说了就要努力做到。

在我们国内的很多医院、邮局、酒店，甚至很多大型商业场所，都把早上开门营业的时间贴在门上，但真正能做到准时开门的并不多。在杭州西湖旁边的一个酒店住宿时，我也问了一位餐厅服务员，每天早上几点钟开门提供早餐。她回答说 7 点 30 分，但又说了一句话："不要太准时！"结果我 7 点 35 分站到那里时门是关着的，7 点 40 分服务员仍在摆碗筷、刀叉，直到 7 点 50 分我才真正吃到早餐。

在商业社会，商家对服务时间的遵守也是诚信的一种表现，凡是承诺给客户的时间与事情，一定要努力做到，而且要始终严格遵守，否则将被顾客视为不诚信的典型。

在这一点上，我国的企业要向日本企业学习。

我有一次乘飞机到美国去，在东京过境。那天晚上飞机停在东京成田机场，我就住在附近的日航酒店。由于第二天早上 6 点钟飞机起飞，4 点 30 分就要排队办手续，这就表明凌晨 4 点钟我就要吃早餐了。于是我就问酒店的餐厅服务员，早上 4 点钟能否吃到早餐。服务员回答说完全可以。

第二天早上 3 点 50 分我站在餐厅门口，餐厅的门是关着的，但可以透过玻璃看到里面灯火通明，餐厅人员都在紧张准备中。3 点 58 分，4 位日本女服务员已站在餐厅门口，准备迎接客人了。3 点 59 分 30 秒，女店长也站在餐厅门口。4 点整，门准时打开，我的脚一踏进去，4 位日本女服务员和店长便一起鞠躬致辞"欢迎光临"。我问餐厅店长："你们每天都能这样准时开门吗？"

她说："是的，每一年、每一月、每一天都是这样开门，迎接第一位客人的。"

执行要点

答应别人的事情一定要做到。虽然后悔自己说过的话，但说过的话如同泼出去的水，是不能收回的。

充分挖掘自己的长处，忠于自己

诚实的含义之一就是认识自己。管理学家劳伦斯·彼得在 1969 年出版了《彼得原理》一书，提出：

人们在某一个岗位取得一定成就以后，就会趋向于被晋升到更高一级的岗位，一直晋升到自己不能胜任的岗位为止，这样就可能导致组织里面的所有岗位都会被不胜任的人所占据。而在新的岗位上，被晋升者使用的又往往是他们在原先岗位上所使用的管理经验和办法，显然这在更高层次的岗位是不适用的。

彼得原理其实很简单，就是每个人在被提升的时候都不会拒绝被提升，因而也就会一直升到再也升不上去为止。其实乡长就是乡长，镇长就是镇长，一个人的能力如果只能管一个乡、一个镇，就不要去管一个县、一个市。因此每个人都要面对自己的能力大小，作出切合实际的自我评价与判断。你的能力到底有多大？你的优势、不足分别是什么？如果自不量力，过高地评价自己，就是对自己不诚实，结果只能使自己陷入因无法胜任而导致失败的境地。

作为员工，在对自己诚实的基础上，对于自己的长处要充分挖掘，在自己能力许可的范围内不断提高执行力。

在企业中，员工的发展规划要与企业的发展规划相结合，员工要在企业的发展中找到一条自我实现的道路，把全身心融入企业的发展中。比如在 IBM 公司，每一位 IBM 员工都可以拥有两条职业发展道路：一条是专业发展道路，如技术工程师等，公司以多种培训助其在专业道路上站得更高、看得更远，培养其成就感；另一条是管理道路，提升员工的管理理论与实践水平，最终使其发展成为合格的职业经理人。

每位员工都可以根据这两条职业发展道路发挥自己的特长和潜能，最终实现自我价值。

投入工作，忠于事业

公司中员工自身的机会源于公司，保障公司的利益就是维护自身的利益。所以员工要以维护公司的利益为己任，珍惜公司给予自己成就事业的机会，全身心地投入工作，争取取得最大的效益以回报公司。

一个人的诚实不仅仅是对公司的忠诚，还包括对自己事业的忠诚，其具体表现就是对工作的投入。一个人如果能真正投入工作，就有可能达到忘我的境界。

牛顿养了两只猫，一只大猫和一只小猫，它们在牛顿做试验时很喜欢跑来跑去。两只猫出门时，一拱门就出去了，但进来时就比较困难了。两只猫就在外面用爪子抓门，"喵喵喵"地叫个不停，直到牛顿去帮它们开门。

牛顿很烦，决定解决这个问题，就在门底下挖了两个洞，一个大洞由大猫出入，一个小洞由小猫出入。

有的人看到这个故事也许会嘲笑牛顿：真傻，还是物理学大师呢！两个猫走一个洞不就可以了吗？

其实故事真正要说明的是，牛顿做事情非常投入，他做实验时已经到了一种忘我的地步，连这一基本常识都给忘了。

真正投入工作的人，都是努力工作、不计较个人得失的人。他们在本职工作之外还会积极地为公司献计献策，尽心尽力做好每一件自己力所能及的事情。实际上，也只有真正投入工作的人，才能真正去了解自己、了解客户、了解公司的工作。

告别急功近利，忠于客户

诚信的人，给人的感觉是正直、务实。一个诚信的员工，会按着自己的努力方向不断提高自己，在成长的道路上不会随波逐流，迷失方向。

一个拥有诚信的员工，身边总会围着一大批老顾客，因为他心中真正热爱自己的工作，务实、正直，真正树立"顾客满意"的观念，重视顾客的真实需求。

老赵第一次在上海的一家西餐厅吃牛排，点的是要七分熟的牛排。牛排端上来，可是一刀切下去，像牛肉干一样，老赵就跟服务员说："服务员，这个好像不是七分。"

服务员二话没说，用刀一切，然后说了声"对不起"，就把牛排收走了，又拿了小菜让老赵先吃着。过了一段时间，新的牛排出来了，完全符合老赵的要求。后来，老赵不但常常去那家西餐厅，还常带一些朋友同去。

企业中肯定会遇到一些这样或那样的问题，关键是直接面对客户的员工如何处理这些问题。只要认真对待自己的工作，始终把诚信放在首位，就一定能让客户满意。而下面这个酒店的服务员，相比之下就不够诚信。

一次，张先生去青岛出差，住在一家有名的五星级酒店。晚上11点，他到楼下去点了一份皮蛋瘦肉粥，一吃是馊的。他对服务员说："这粥好像坏了。"

那个服务员一声不吭地把粥端走了，没多久又进来说："先生，您重点一个吧。"她也没说刚才那份是不是坏的，张先生想大概是坏的吧，就又点了一个海鲜粥，她说没有了。张先生只好点了一个三明治。从那以后，张先生去青岛再也没有住过那家酒店。

如果那个服务员知道自己酒店里的粥都馊了，可以在开始的时候就让顾客点别的；如果她开始并不知道粥馊了，但是在顾客吃出了粥馊了的时候，就应该对顾客说："对不起，这是我的错。这盘水果算是对您表示歉意，请您品尝一下山东最好的水梨。"可是她什么都没说，对顾客的感受一点都不在意。这样的员工肯定不会热爱自己的工作，说不定当时她正在想着跳槽呢。

有一些员工，尤其是刚刚毕业参加工作的员工，很多人都没有自己的职业规划，看到别人做销售比较赚钱，他就想去做业务员；看到别人做软件开发比较好，他就想去做软件开发；看到别人做策划也不错，他就想去做策划；看到别人出国，他就觉得中国待不下去了……转来转去，哪个行业都没有深入研究，都没有做好，几年的大好时光都浪费掉了。这就是"定力"不够。

在工作中，"定力"不够的人就会表现得急功近利，这种人不够务实，不会干一行爱一行，所以不会认真对待自己、对待客户、对待团队中的每个人。这样的人，就是不诚信，其执行力也会出现问题。

与客户将心比心

　　与客户将心比心，处处从客户角度出发，真正了解客户在想什么、他们需要什么样的产品和服务，并真正满足客户的真实需求。这是真正的诚信。

　　在国内乘飞机旅行的时候，公务舱和头等舱旅客的行李上都会挂一个"优先"的牌子，意思是说这个行李一挂上牌子就会优先出来。但我不知道坐了多少次公务舱，也不知道航空公司给我挂了多少次"优先"牌，却从来没有一次优先出来。对此我不禁要问：既然做不到，又何必挂牌子呢？

　　有一次，我在上海虹桥机场办手续，看到某家航空公司的服务员又开始帮我挂这个牌子，我就忍不住讲了一句话："挂了也是白挂。"那位服务员一听就懂，但她却回了我一句话："不挂白不挂。"结果那天我的行李仍然没有优先出来。

　　给行李挂"优先"牌是一个很小的细节，其实对旅客来讲也许并不重要，但既然挂上了，就应该做到，要么就不要挂。否则就是没有诚信，就会让客户失望。

　　我们再看另一个完全不同的例子：

有一次，我与太太两人一起乘港龙航空公司的飞机从高雄飞到上海。我们两个坐的都是公务舱，到上海浦东机场的时候，我们两人的行李应该是一起出来的，结果我的行李出来以后却没有看到我太太的行李。

我们去问服务台，服务台小姐马上说："余先生，很抱歉，您太太的行李没有上飞机。"这表示他们早就知道了，"不过余先生，您放心，您太太的行李已经随第二班飞机过来了。按照现在的时间推算，应该在厦门的上空，很快就到了。余先生，您住在哪里？您先回去，我们随后把行李送到您家。"

我说我住在浦西，就在这儿等。后来服务员小姐就说："余先生，非常对不起，拿那个卡片签个字吧。您可以拿这个卡片喝杯本公司的免费咖啡。"我就和太太去喝咖啡了，没多久服务员就过来带我们去领行李了。开始出行李的时候，第一个出来的就是我太太的行李，上面贴的条子写着：紧急转运。

港龙航空公司在香港，它的员工与内地其他航空公司的员工一样都是中国人，但是我们看到，相比之下港龙航空的员工比较诚信，对客户的感受很在乎，这正是对客户将心比心的一种体现。而大多数内地航空公司的员工对客户的感受无所谓，把诚信当成了一个口号、一个流于形式的标准，其实说白了就是不够诚信。

执行要点

与客户将心比心，处处从客户角度出发，真正了解客户在想什么、他们需要什么样的产品和服务，并真正满足客户的真实需求。

第四章
执行就是将目标逐个落实

执行是将目标进行分解、逐个落实的过程，没有好的执行，再完美的目标也是空中楼阁。任何目标都不会自动实现。我们经常提出一些远大的目标，但因为没有分解，没有细化到每一天、每一件事情或者每一个过程里面，这个目标总是显得模糊不清。

要实现企业的战略目标，最重要也是最关键的因素是企业具有强大、高效的执行力。执行是将目标进行分解、逐个落实的过程，没有好的执行，再完美的目标也是空中楼阁。任何目标都不会自动实现。我们经常提出一些远大的目标，但因为没有分解，没有细化到每一天、每一件事情或者每一个过程里面，这个目标总是显得模糊不清。没有量化在每一项工作里面，就不知道对于这个目标，我们自己的责任是什么，我们自己的贡献是什么，所以怎么具体实现目标更重要。

要实现目标，需要做两件事情：第一，目标应该量化到每一个月（周、日）和每一个过程。第二，目标要从"细节"中寻求"关键点"。也就是说，要注意量化目标和细节化目标，把目标从口号或希望变成内在的思想和执行力，从而将目标落实到员工的执行过程中去。

把目标量化到每个流程

公司发展离不开目标的制定。不同的层级、不同的部门、不同的职位会有不同的目标，不同的时期也有不同的目标。比如，企业高层要制定战略目标，中层更关注战术的制定和实施，基层则更注重一些具体的工作目标的实现。那么如何把这些目标落实到日常工作的流程中去呢？如何防止这些目标变得空泛、抽象、模糊呢？要靠量化。要在每一个流程中量化目标，让每个员工有所依据和参照，并能产生可以度量的效果。

什么叫做量化？举个简单的例子：很多人喜欢喝酒，而且明明知道喝酒会伤身体也常常喝。为什么呢？因为他们对于喝酒伤身体到底伤到什么程度并不清楚，总是感觉喝多少都不会危及生命。

但是量化以后认识就深刻了。研究表明，喝一两白酒，肝脏就要连续加重46小时的负担，那么如果一晚上喝一斤白酒，肝脏会有多大负担，就可想而知了。由于量化，我们对于喝酒伤害身体的程度马上就有很清楚的认识了。

再看另一个例子。某公司提出一个目标：要按照国际一流标准建设好队伍。乍一听，这个目标非常振奋人心。但怎么实现呢？并不明确。首先我们需要明确下面的三个问题：

第一，自己的员工是否知道自己还不是一流，而是处在二流甚至三流？

第二，是否能明确一流和二流的差别在哪里？

第三，从哪里开始创一流，范围、地域或者侧重点是什么？

知道了什么叫做国际一流，与一流相比差在哪里，从哪里开始创一流之后，再把这些内容进一步划分，这就叫量化。

如果目标没有量化，每个人、每个部门都不知道自己的职责所在，在工作中就会出现互相推诿、扯皮的现象。这样的话，目标就只能是一种空洞的口号，从而影响整个企业的发展。

IBM信用公司曾经要平均花费7天的时间，通过一系列的部门和程序为客户提供一项简单的融资服务：现场销售人员—总部办公室人员—信用部—经营部—核价部—办事组—快递到销售人员。在等待的

7 天中，销售人员和顾客都不知道流程传递到了哪一个"码头"，即便电话咨询也无法获知。由于在整个流程中没有将整个任务分解到每个部门和每个人身上，而是以部门之间的牵制来保证部门之间的审核，致使各个部门远离有效的信息，各行其是，造成审核效率低下，严重拖延了服务的时间。

要提高企业的执行力，就要杜绝目标量化不清晰的局面出现，只有对自己的目标和每个阶段的定位进行量化，才能知道自己想要什么，才能清楚自己努力后的结果是什么。

作为员工，自觉地分解自己手头的工作任务，使执行动作清晰细致，有助于自己对战略本身的理解，有阶段性地逐步完成自己的工作。这样既有完成工作的充实感和成就感，又能提高自己的工作能力。

量化目标，就是用确切的数字来描述规划我们的目标，也就是用时间、货币或单位数量来换算。那么应该怎样量化目标呢？下面我们将进行具体分析。

执行要点

> 对自己的目标和每个阶段的定位进行量化，自觉地分解自己手头的工作任务，使执行动作清晰细致，有助于自己对战略本身的更深理解，有阶段性地逐步完成自己的工作。

找出更节省时间的方法

在日常工作中，对于员工来讲，讲究时间效率是最重要的。在激烈的市场竞争中，时间本身就是一种成本，谁能在更短的时间里做更多的事情，谁能提高工作效率，谁能迅速应对纷繁复杂的环境变化，谁就能占据优势地位。因此我们强调在做事情前都应该先量化时间，就是要想方设法节省我们的时间，降低我们的成本。

作为员工，一项工作任务交到你手上，你对老板说："我会尽快完成。"但尽快有多快？一个小时，一个星期，还是一个月？对工作时间没有清晰的量化，也就不存在一个好的工作流程，而节省工作时间，提高工作效率就更无从谈起了。正是由于没有好的时间和流程规划，所以我们经常看到很多人在工作中当一天和尚撞一天钟，得过且过，稀里糊涂地混日子。对于自己接受的工作任务没有时间规划，没有流程设计，对出现的问题也没有应对措施，走一步算一步。往往一个小问题，就可能会导致整个工作的失败。

美国 UPS 公司的墙上有一句话："Can we be faster?"（我们还可以更快吗）事实证明，只要认真检查每个工作流程，总会找出更节省时间的方法，通过流程设计，可以提高整个工作流程的效率。作为员工，我们要经常思考，怎么缩短不必要的环节，怎么利用好时间、提高效率。

从东京到大阪的"新干线"行程为 515.4 千米，可是"新干线"的时间误差一年总计只有 36 秒，而且是连下雪和刮台风都考虑进去的。如果一年的误差是 36 秒，就意味着每个月的误差是 3 秒。那么这 3 秒是怎么控制出来的呢？

有很多种方法，第一，在人比较多的时候，火车站经常雇一些人来把旅客推上火车，以加快旅客上车的速度；第二，列车在行驶的时候，要控制 5% 的速度来作调整，即如果列车离站的时候晚了 30 秒，在后面的行程中就要加快 30 秒。

下面我们再看一个案例：

F1 方程式赛车的时速达到 200 千米以上的时候，高速摩擦会使车胎快速消耗，于是需要给车子进行保养或者更换轮胎。但是世界大赛都是分秒必争的，所以当这些赛车进站的时候，换车胎的动作必须非常快。那么换 4 个车胎需要多少时间呢？

丰田的广告里有两句话，第一句话是 "in the blink of an eye"（一眨眼的瞬间），还有一句是 "four new tires in three point two seconds"（换 4 个新的车胎只要 3.2 秒）。如果换 4 个轮胎要 30 秒，那对手早就不知道领先多少了。

3.2 秒钟内要把 4 个车胎全部换完，说明世界级赛车的车胎并不是用螺丝一个个拧上的，而是用环扣扣上去的。车子一进站，第 1 秒大家一起拔起车胎，第 2 秒滚车胎，第 3 秒上车胎，再扣上去总共是 3.2 秒，然后赛车就开走了。这种速度的确惊人。

道理可能很简单，但我们通常没有把它做成一个量化的标准，用心去控制时间。

怎么设计流程呢？我们拿看病来说吧。传统的医院，从排队挂号、拿病历表，到让医生诊断，然后再到会诊、和医生面谈、约好下次的时间，需要一个很长的过程。在国内，一个感冒病人进医院多久才能出来？我想没有 30 分钟是不可能的。这 30 分钟能够压缩吗？如果我们用心去想办法，整个医疗流程就可以缩短。

我们做一个假设。以后的护士手上都拿着掌上电脑，挂号时就通过电脑通知医生；医生在询问时就通过电脑通知药房；当你走下楼梯的时候，药房已经开始准备你的药了。必要的时候，你甚至还可以直接回家或上班。医院会把你的药快递到你家或你的公司。你认为这样可以缩短多少时间？这种流程的时间至少可以缩短一半。这就是流程设计。

再比如，对于我们的日常工作，用不同的颜色标明不同的重要程度和时间要求，这本质上就是进行时间管理。比如，每一项工作夹上都有卷夹，并且规定：红色的卷夹代表一天之内必须完成的工作，绿色的卷夹代表两天之内必须完成的工作，蓝色的卷夹代表三天之内要完成的工作，其他的卷夹统统是黄色的，可以延后几天。所以一看到红卷夹，就要有紧迫感，下班以前这项工作一定要完成，除非有特殊的情况。这样就可以加快内部工作流程，督促问题及时解决，提高公司的运作效率。

以货币来量化成本

举个例子来说，对于一个1万人规模的公司而言，如果总经理每星期少下3个公文，那么一年可以节省多少钱？统计专家替我们算过了，得出的结论是45万元人民币。总经理的薪水是明确的，他批示公文的时间也可以确定，所以总经理批示公文的成本是可以算出来的。而总经理的公文一下去，副总经理、厂长、副厂长、经理、副经理、组长、副组长……又要花多少时间去批示，都可以换算出来。最后的结论就是，总经理一周只要少下3个公文，公司一年就可以省45万元。这就叫做以货币来量化成本。

说到成本，可以从"划分"和"单价"两个部分来讨论。

从财务核算的角度来看，一个公司的生产成本可以分为制造成本和销售成本。而制造成本又可以划分为直接成本和间接成本。其中，直接成本是指直接人工和直接材料，间接成本则是指制造费用。

公司领导经常抱怨公司的生产成本太高，那么到底高在哪里呢？是原材料太贵，还是人工成本太贵？经过划分，我们就可以比较清楚地认识到：其实成本并没有过多地花费在原料和人工上面，而是更多地花费在间接成本上，比如请了一大堆间接人员、用了很多统计分析人员、公司盖了大楼……如果我们没有把成本这样进行划分，根本就不知道高在哪里，至于怎么降低成本就更是无从谈起了。

还有一种划分成本的标准：第一个叫做实际成本，即实际上所发生的历史成本；第二个叫做直接成本，即与产品真正有关的部分；第三个叫做标准成本，即同行做相同的产品需要多少成本。

比如生产椅子，同行做一把椅子成本是 80 元，我们做是 100 元，比同行的生产成本多花了 20 元。进一步分析，在这 100 元的成本里，直接成本是 60 元，间接成本是 40 元；而同行 80 元的成本里，直接成本是 60 元，间接成本是 20 元。我们的直接成本和间接成本的比例（60 : 40）是否合理，就需要仔细研究了。

为什么要强调单价呢？这是因为：

第一，和别人讨价还价的时候能够拿出科学的证据。

F 公司与日本三菱钢铁公司合作，将毛坯钢拿去加工，希望能将毛坯钢 FOB 的 M 港离岸价格降低为每吨 146 美元。在与日本三菱谈判时，三菱的一名职员一边手拿资料，一边开始做成本分析：

根据我们的调查，贵省是不产铁砂的，你们公司的铁砂主要来自于美国东部的巴尔蒂摩，其原产地出厂价格每吨是××美元；

你们走的是美国太平洋铁路，从巴尔蒂摩送到旧金山，每吨运费是××美元；

你们认为过太平洋可以用便宜的船，我们调查的结果是，贵公司用的是韩国的韩进海运，所以每吨运费、保险费加上起吊费等是××美元；

那么到了 M 港下船的时候，我们把 M 港的收费也查过了，应该再加××美元；

听说贵公司手上有五六百辆自己的卡车，按照成本计算，从 M 港拉到工厂的运输成本是××美元；

贵公司的人工、制造费用和水电费用我们都查过了，你们的成本大概是再加××美元，你们做钢铁的毛利率是20%，乘上1.2，应该是××美元；

这次又用你们自己的卡车送回 N 港，所以再加××美元，总计123 美元。

因此，毛坯钢 FOB 的 M 港离岸价格，应该是每吨123 美元。

因此说，要在市场上与人竞争，就要把成本分析得清清楚楚，划分得明明白白。无论是有人在抱怨自己产品的价格过高时，还是在与合作伙伴谈判时，你都能娓娓道来，让对方心悦诚服地接受价格。

第二，自己对信息的收集越仔细，就越能知道自己什么地方做得不够或可能出现的疏忽，从而了解自己的成本是不是比别人高，以及高在哪里。

有报道说，南京某机场商品价格高得惊人：在机场一楼，一份一荤两素的普通套餐竟要价38 元；大排面、盐水鸭这些普通食品的价格在45 元左右；咖啡平均每杯的标价也在40 元左右；小瓶的矿泉水要卖 6 元一瓶，而深圳机场只要 3 元。

这个价格到底高不高呢？先看国外的机场：巴黎的戴高乐机场，候机厅内酒吧、快餐店、餐馆共有十几家，但不论档次高低，几乎所有饮食价格都与巴黎市内相仿；日本东京成田机场，仅在第二候机大楼内就有 35 家各种餐馆和 57 家商店，他们提供的各种商业服务的价格与东京市内没有多少差异，因为商家赢利不是靠卖高价，而是靠竞争。就算是与国内的机场比，北京首都机场，上海浦东、虹桥机场等的餐饮价格也比该机场便宜。

那么该机场价格为什么这么高呢？餐厅和机场各有说法。

该机场一家餐厅的主管认为有三个原因：第一，在机场经营餐厅的租金成本要比市区高得多；第二，由于离市区太远，餐厅员工都要住在机场附近，这又使运营成本大幅增长；第三，该机场的客流量比较小，决定了商家不可能采用薄利多销的经营策略。以某品牌盐水鸭为例，批发价 26 元，在该便利店售价为 50 元，后来有人专门做过试验，将 50 元的售价一直降到 30 元，购买人数几乎没有变动。

而该机场有关人士则认为高价格是商家缺乏竞争所致。深圳机场内商铺面积几乎占了候机楼总面积的 20%，这在全国都是首屈一指的，而该机场仅占 3% 左右。此外北京、上海、深圳机场的客流量大，商务人士多也是促使商家竞争的原因之一。在深圳机场和北京首都机场，由于有麦当劳和肯德基连锁店的进入，这些国际化连锁企业所出售的汉堡、鸡翅等，与城区价格一模一样。在深圳机场，有 Seven - Eleven 便利店进驻，里面的饮料、小食品也与普通超市价格相近。由于这些国际连锁企业的出现，旅客有了较多的选择，市场不再是卖方说了算，高价餐饮根本没有市场。

我们先不讨论餐厅和机场谁的分析正确，只是想通过此例来说明价格分析的意义所在。

进行产能分析

分析产能，先要明白单位数量的换算。所谓单位数量的换算，就是要结合劳动力或机器的负荷，进行产能分析，看看现有的机器设备（包括数量和性能等）和人力资源（包括数量和人员素质等）是否相匹配，是否能实现成本最低或利润最大的目标。

去过香港的人可能会发现，香港餐厅的服务员很少站在那里发呆，而且走路都很快，拿东西也很快，进去出来也从来不是只拿一个东西而是同时拿好几个。餐厅老板对人、桌、场地的配置是经过一番考虑的，200平方米的餐厅应该用几个服务员，每个服务员照顾几张桌子，这些都要做一个分配，也就是说要做一个产能分析。只有这样才可以提高效率，降低成本。

订单大量增加时，要不要新开流水线？答案是尽量不开。为什么呢？举个例子来看，假如原来流水线的开工率是90%，而一旦开了新的流水线并且新的流水线开工率是30%，90%加30%等于120%，再除以2等于流水线的平均利用率是60%，这意味着新的流水线的利用率可能达不到原来流水线的利用率，这样看来是不合算的，所以还是不开为好。因此福建人有一句话：皮鞋做不完要留点钱给温州人赚。就是说当皮鞋的订单增加20%的时候，他们宁可拿去给温州人加工，自己也不随便增加流水线。

因此，机器和人工的负荷程度，应该仔细地计算一下，把自己的厂房面积、人员、机器、订单一起做个分析，你就会发现是否需要那么多人手，是否需要增加那么多设备，是否需要开设那么多门市，是否需要那么大的生产车间……把自己手头拥有的机器、人员等仔细地盘算一下，就会发现问题的所在。

②

把目标细化到日常工作

规范每个动作

所谓"细节"，是指动作、步骤、做法的规范。什么叫做动作的规范呢？动作的规范包括动作研究和省工原理。

那什么是动作研究呢？比如，在工厂里，每一个工人的动作是不是经过了优化，可以用最少的动作来获得最大的效率？对连续弯腰的动作有没有改进的余地？对连续转弯到后面去拿东西的动作有没有改进的余地？公司的电话铃声响了，响一声就拿起来，会把人家吓一跳；响五六声才拿起来，人家会觉得反应太慢，所以标准的动作应该是响两到四声时，就要拿起电话来。下班的时候，工厂的机器和工具是否都摆放在指定的位置了？新员工来公司上班，电脑应该摆在哪里？文具摆在哪里？参考书摆在哪里？电话摆在哪里？这些都叫做动作研究，也就是说要研究怎么做最省力、最节省时间、最能提高办事效率。

省工原理又是什么意思呢？简单地说，我们的动作是怎么操作的，这样操作可以省多少钱、省多少力或者省多少时间，我们称之为省工原理。我们常说要降低成本，其实就是要节省费用、节省人工、节省时间、提高效率，实现资源的最优配置，那就需要把这些目标细化、分解到日常的行为或流程中。

执行要点

研究每个动作、步骤、做法的规范，分析怎么做最省力、最节省时间、最能提高办事效率。

规范每个步骤

所谓步骤的规范，就是按照标准步骤的要求，一丝不苟、脚踏实地地完成目标，把对目标的要求细化到每一个步骤的要求中去。

我们先来看什么叫标准步骤。飞机在跑道上回旋的时候，厦门航空的地勤人员会左手拎着一个灭火筒，因为如果飞机在跑道附近发生意外，在没有大面积燃烧和发生爆炸以前，手上的这个灭火筒可以发挥很大的功效。右手则把飞机的插销或者其他任何一个重要的工具或零配件上的红丝带系起来，因为航空公司都有一个规定：飞机"肚子"底下如果飘着红色的丝带，表示这架飞机正在进行维修作业，不可以起飞；如果红丝带上的插销被拔下来，就表示飞机的地面工作都处理完了，可以起飞了。厦门航空特别要求每一个机场的员工，在这些地方都要做到位，这种情况我们称之为标准步骤，其实就是一个细节问题。

最近流行一个词叫做 SOP（Standard Operation Procedures），意思是按照标准步骤去做。这里就涉及几个问题：第一，这个标准步骤是否已经确立；第二，这个标准步骤是否量化到细节；第三，有没有不断地坚持这个细节。很多企业都认为自己已经有标准作业程序，问题是能不能做到以上三点，并真正落实到细节中去。

几年前俄罗斯一艘核潜艇在巴伦支海沉没，据说原因是鱼雷仓爆炸。鱼雷仓会爆炸，就是因为鱼雷掉了下来；鱼雷掉下来是因为鱼雷的挂钩松脱了；鱼雷的挂钩松脱是因为挂钩生锈了。所以最根本的原因，很可能就是挂钩生锈。结果没想到又有一艘核潜艇在巴伦支海沉没了，听说是拉拖的钢索断了，拉拖的钢索断了是因为钢索中间脆裂了，中间脆裂了也是因为生锈。生锈就是因为生产厂家没有严格执行标准所致。

我们来看一下什么叫严格要求。

有一次，厦门航空公司在修理一架客机时，发现右边机翼上的第三个叶片有问题。为了防患于未然，厦门航空公司就把另外几架相同类型的飞机，统统都调出来检查机翼上的第三个叶片，看看有没有类似的现象。

因此，所谓的标准就是一种严格要求，中间的每一个步骤和每一个细节，都要经过设计，而且还要严格遵守步骤的规范。

寻求科学的方法

所谓规范做法，就是用科学的方法实现效率的提高。

举个最简单的例子，我们很多人都比较头疼记英文单词。单词这么多，有的还这么长，怎样才能把这么多单词背下来呢？有经验的人就会告诉你：

不要期盼自己比别人幸运，也不要指望自己比别人更聪明或者更勤奋，从智力和机遇上说，自己和别人都是差不了多少的；要想记得快、记得准，就一定要走捷径，就是要掌握科学的方法，掌握做事的技巧，以提高效率。

掌握科学的方法，听起来感觉道理很简单，但是大多数企业在执行和落实的时候，做得并不到位。

比如，在汽车站或者火车站，每一天都有人坐错车，你可能会说这很正常啊，这么多车，这么多乘客，而车站的人手又是有限的，出点差错是免不了的。其实这是可以改善的，而且并不需要增加人手或者其他的成本就可以做得更好。

日本东京火车站有地上、地面、地下3层，16个进出口每天进出二三百万人，但是很少有人坐错火车，因为自动售票机售出的车票颜色与月台上面圆圈的颜色以及要乘坐的列车颜色，是相同的。所以拿蓝色车票的乘客，在有蓝色圈的月台上，等待要乘坐的蓝色火车；拿咖啡色车票的乘客，在有咖啡色圈的月台上，等待要乘坐的咖啡色火车。就这样，自动售票机所出售的车票，有多种颜色，每一种颜色的车票代表一种路线，从而保证东京车站一天进出那么多人，却很少有人坐错火车。

　　同理，我们的银行、邮局、医院、车站、超市、餐厅是否经常在想如何用科学方法去提高效率，并且在操作过程中并不需要付出太大的代价？

　　我出差时，住在某酒店里，吃早餐的时候经常发现有一个人负责煎蛋，很多人围在那里。一位客人问："这个煎蛋是我的吗？"煎蛋的人说："不是。""那个蛋是我的吗？"煎蛋的人说："也不是。""那么哪个蛋是我的？"煎蛋的人说："还没煎。"这位客人就走了，等拿了豆浆、油条和稀饭之后，他又回来了，接着问："这个蛋是我的吗？"回答："不是。""那个蛋是我的吗？"回答："也不是。""那到底哪个蛋是我的？"回答："你没说！"只见客人就拿了一个生鸡蛋，往那边一摆，说："这个蛋是我的。"然后就到旁边去吃他的早餐。等他再回来的时候问："我的蛋呢？"那个煎蛋的人还是说："不知道。"

这种情况可以用科学方法来改善：在酒店吃早餐的地方，每一张桌子上面放一个小杯子，里面有 5 个小夹子，每一个小夹子上面应该有相同的号码。比如说这是第 16 桌，5 个小夹子上面就都有一个阿拉伯数字 16，那么这一桌的人就可以拿着这个小夹子，到煎蛋的地方，说"这是我的夹子"。煎蛋的人的面前就摆着一个长板子，上面放着的夹子都在那里排队，他煎完蛋以后就会把那个小夹子夹在相应的碗或者盘子上面。你只要看到盘子旁边夹的那个号码是你的号码 16，你就可以把那个煎蛋拿走，即便你没有拿，你的煎蛋摆在那里别人也不会拿。

现在，我们已经明确了一点，就是实现目标要从细节上去寻求方法，如果在细节上没有方法，这个目标将很难实现。所以目标通常要附带方法，没有方法的目标永远都是一个假的目标。那么，我们怎么寻找科学的方法呢？当然有很多了，我们在这里也只强调一点，就是"每天进步一点点"。

执行要点

任何事情都能用科学的方法实现效率的提高。我们要多寻找科学的，并且操作的过程中不需要付出太大代价的方法。

③
一步一个脚印地达成目标

在目标执行的过程中，需要对目标的每个步骤、每个环节、每个阶段的执行情况进行强化，然后才能逐步达成最终目标。简单说，也就是通过每天进步一点点，一步一个脚印地走向最终目标。

"一天做一件实事"是企业家鲁冠球说过的一句话。1969 年，鲁冠球怀揣 4000 元人民币，带着 6 个农民，开始搞打铁铺，到如今，打铁铺发展成资产数百亿元的万向集团。我们可以想象，创业这些年来，鲁冠球肯定经历过不少挫折和磨难。

鲁冠球有个信条：一天做一件实事，一月做一件新事，一年做一件大事，一辈子做一件有意义的事。

有很多人非常急躁，什么事都想做，结果欲速则不达。善于思考的人，通常不是一步到位，而是每天都比前一天做得更好。这样的人，早晚都会成为精英中的一员。

比如，跑100米不可能像撑竿跳一样，一下子就跳过去。100米的终点处有一根红绳，那就是目标。而具体实施中，100米应该分为5段，每一段怎么跑，跑多久都应该有所安排，尤其是在起跑线上，手怎么摆，脚怎么迈，眼睛怎么看，甚至屁股怎么撅起来，都非常重要。

你是否经常听到类似这样的话："蔡老板又没有签约。""李先生看了好几回车子了，却都不要。""这房子骆先生又不要。""这件洋装李小姐摸了好几次，就是不下手掏钱。"这些抱怨中提到的都是目的，但却忽略了更重要的事：每一次有没有更进一步？上一次，李小姐来摸这件衣服，下次她再来的时候，你又做了什么？成功的人在自己前进的每一步上都经营筹划，不断进步。

比别人多走一步

我曾经去过广西桂林的一家酒店，那家酒店对我表示了欢迎。在我进去住的时候，我发现桌上留了一封信，里面写着欢迎我入住，而且还写了另外一件事情：我第二天早上吃早饭的地方在哪里，我的桌子已经订好了，桌子的号码就写在上面。我在中国住过一两百家酒店，但连早餐桌的桌号都写上的，就只有这一家。至今我对这家酒店还有印象。

这是服务上的"深耕"方式，每天让自己进步一点点，为顾客多想一点，服务就能往前多走一步。

有一家汽车修理厂规定，客户的汽车在路上出了故障，如果是在晚上，而且是在很远的山路上，修理厂的人通常要开两辆汽车过去，一辆工作人员自己用，另一辆是让客户开。等车修好之后再马上到客户家中去换。无独有偶，一家洗衣机经销商的经营之道也是这样，客户的洗衣机坏了，看样子一时修不好，经销商来时开着他的小货车，上面装着洗衣机（多数时候是新的），他会对客户说，您的洗衣机看样子一时修不好，我们要带回去修，这台洗衣机您先用着。这叫做多走一步，但这也不是人人都能想到的。

很多酒店的房间里都有个"请勿打扰"按钮。房门外面的灯一亮，就表示"请勿打扰"。但我想到一件事情，客人没有睡觉，或在房间里等朋友时，一般不会打开"请勿打扰"的灯。如果进了洗手间，刚刚坐上抽水马桶，此时有人敲门，客人怎么办？一般酒店没有考虑到这一点。

我在大连时，发现有一家酒店居然做到了。这家酒店抽水马桶的旁边有个按钮，上面写着"请稍候"。所以客人如厕时听到敲门声，就可以按那个按钮，房门外面的灯就亮了，上面显示"请稍候"，来访者就能知道客人大概正在洗手间里。

我们不要小看这个小小的按钮，我在中国住过这么多的酒店，只看到这一家酒店有这个按钮。

如果公司在出现问题以前，就先告诉客户可能出现什么问题，客户会有什么样的想法呢？然而，大部分的公司都不是这样。他们多半是等到客户发现问题，打电话过来后，才在电话里一直道歉。早知今日，为什么当初不多走一步呢？很多公司对于产品的延误交货没有反应，等到客户来催了才说对不起，还会讲一大堆莫名其妙的理由，这样的公司有几个客户能对他们满意呢？

再如，客人离开酒店时，有哪个酒店经理会对客人说一声："先生，这个酒店您住得还习惯吗？这两天还舒服吗？睡得还好吧？真希望下次再看到您。"试想，若真有这样的服务，能没有回头客吗？比别人多走一步，需要自己多动脑筋、多思考，为客户提供更完善的服务。

执行要点

在服务上深耕，每天让自己进步一点点，为顾客多想一点，服务就能往前多走一步。

比对手做得好一点

李嘉诚先生说过一句话：要成为领袖，无论从事什么行业，都要比竞争对手做得好一点。

你在麦当劳吃薯条的时候，有没有注意到，麦当劳做的薯条是有要求的。麦当劳对薯条中淀粉和糖的含量是有严格规定的，如果不合自己的标准，那就宁可用冷冻集装箱，把美国的马铃薯运到中国来。例如，台湾地区的麦当劳就没有用台湾的马铃薯，因为麦当劳说台湾马铃薯的含糖量和淀粉含量不符合美国的标准，所以台湾的麦当劳炸薯条，是用冷冻集装箱运过来的美国马铃薯做的。这就是麦当劳不能够被别人替代的原因。

麦当劳的油用了一段时间以后，规定一定要倒掉。因为这种油连续加热到一定程度，就会产生对身体不好的变化，所以麦当劳宁可舍弃。还有，麦当劳的牛肉饼做出来以后，20分钟没有卖掉，按规定也要丢掉。我们国内有几家店可以做到如此地步呢？麦当劳还举办过一个活动：挑战60秒。如果60秒内没有拿到你要买的东西，就免费奉送你一大杯可口可乐。

王先生去山东青岛出差，住进了一家酒店。酒店的床上有这么一张卡片，上面写道："我们酒店提供不同种类的睡枕供您选择。"原来这个酒店的客人还有权利挑选不同的枕头，王先生马上翻过来看看能提供什么样的枕头，卡片背面写着："本酒店为了能使您有更好的睡眠，提供了不同种类的睡枕供您选择，有泡沫枕、磁性颈椎枕、荞麦皮枕等，另外还有儿童睡枕、超级睡眠枕等。"王先生在他们酒店住了三个晚上，每天晚上换用不同的枕头，第一天晚上用了泡沫枕，第二天晚上用了磁性颈椎枕，第三天晚上用了荞麦皮枕。

只是多了几种备选的枕头，就能让客人感觉到宾至如归，从而使自己在众出竞争对手中脱颖而出。像这样只需多花一点心思，就能取得很大效益的事，何乐而不为呢？

在市场上多赢一点

航空公司都想争夺旅客，旅客在机场候机或转机的时候，是不是会觉得没有什么事情可做？作为欧洲和亚洲之间的桥梁，转机最多的新加坡机场就想到了这一点：它提供电影院让旅客看电影，给旅客提供床铺休息，甚至有人帮旅客擦皮鞋……这就是旅客在新加坡的机场可以享受到的服务。

如果一个四川人坐国泰航空时想吃一碗红油抄手，或者一个无锡人想来一碗无锡排骨，没问题，国泰航空可以让旅客先点菜（当然要多付一点费用），到了飞机上就可以吃到自己喜欢的口味了。

旅客下飞机之后发现行李延误了，所有的衣服和资料都没到。怎么办？法航承诺一定会尽快送到家。只要旅客把自己的情况对他们一说，他们会马上请旅客留下地址和电话，一有消息马上就给旅客送过去，而且根据判断，第二天早上第一班飞机就可以把旅客的行李送到。至于说行李是否丢了，或者已经运送到哪里了，旅客都不用操心，只要安心在家等着就可以了。

正是因为新加坡机场、国泰航空、法航能够多走一步，做好一点，所以它们才能在市场上多赢一点。其他行业也是如此，只要多下一点工夫，就可以领先对手。

宝洁和联合利华都是制造洗衣粉的公司。双方都很明白，在美国的洗衣粉市场里，增加一个百分点的市场份额就是6000万美元，所以双方竞争得异常残酷。双方都宣称自己的洗衣粉可以把衣服洗得很干净。这个标准双方都具备以后，接下来的竞争焦点是：两家的洗衣粉不但把衣服洗得很干净，而且非常亮丽，就像新的一样。后来两家又宣称自己的洗衣粉可以洗净衣服上的污点，包括溅到身上的泥和腋下的汗渍。

那么，还有什么招数能想出来呢？最后，联合利华想出了一招，它把洗衣粉做成像方糖一样，并且标明洗衬衣时用一块、洗牛仔裤用两块、洗棉大衣用三块。我们知道，以前的洗衣粉都是粉末状，在倒洗衣粉时往往掌握不好用量。现在用联合利华的洗衣粉像丢方糖一样，而且它同样能够迅速溶解。联合利华这种方块糖状的洗衣粉一推向市场，它的市场份额马上就攀升起来。而美国宝洁也迅速行动，三个月以后推出了宝洁块状洗衣粉，也做得像糖块一样。

谁能比竞争对手多走一步，谁就能赢得市场。对个人来说也是如此，你不需要十全十美。只要比别人强一点就足够了。比如，在学校里排名次，如果98分是第一名，那么你只要得到98.5分就是新的第一名了，也就是说你不需要得99或100分，而只需要多那么0.5分就可以成为第一名。在商界中，有时候想赶超竞争者，可能不需要设立多么宏伟的目标，只需要比竞争对手多走一步、做好一点、多赢一点，就可以占据优势。

执行要点

　　想尽办法比竞争对手多走一步、做好一点、多赢一点，无须太多，你就可以占据优势。

第五章
沟通让执行更有效

在企业内，这样的障碍无处不在，只有扫除这些障碍，推倒阻隔部门沟通的壁垒，才能使员工在工作执行中顺畅自如，提高执行效率。执行力强的员工有主动沟通的习惯，这样可以加强部门间的合作，加快项目进度。

沟通不是一种本能，而是一种能力。也就是说，沟通不是人天生就具备的，而是在工作实践中培养和训练出来的。在执行过程中，沟通是必备素质之一。要想成为一名具有执行力的员工，就需要通过沟通，与上司、同事、客户、合作伙伴等建立良好的人际关系，沟通是提升这些人际关系的重要手段。在工作中，我们经常看到，执行不到位的原因，往往是沟通不到位，误解或没有理解别人的想法，也得不到别人的理解和支持。如果要想成为一名执行力强的员工，一定要学会沟通。

有执行力的员工主动回报

主动回报，就是回头报告的意思。领导有个事情交代给你办，你是否非要等到领导问你进展情况时你才回答呢？为什么不提前主动地回报领导呢？"回报"是一种主动的反馈（见图 5 - 1），而不是等他人问起时才被动地回答。如果一切都等领导来问，员工的能力就要打一个很大的折扣。因此，一个有执行力的员工，首先应该培养自己主动回报的习惯。

如果甲有一件事要求乙去完成，乙对甲要报告结果，我们通常用一个词叫做"汇报"。其实汇报和回报的意思是不太一样的，回报不单是指汇报，它是一种良性反馈，强调的是双向的、自动的反馈。作为下属，要把注解：

汇报：甲 ← 汇总说明 ─ 乙

回报：甲 ─ 要求事项 → 乙
（反馈） ─ 报告结果 →

图 5－1

自己的工作动态随时向上司回报，其目的有两个：第一，让你的上司放心。上司把任务交代给你，并不知道你做了没有。所以每到一个阶段就回报一下，让上司放心。第二，万一有问题，我们可以不断地及时修正。这时发现执行中有问题，或不像上司所想象的，或者误解了上司的指令，修正还来得及。但很多员工，都是等到上司来问才汇报，等到发现问题和错误时，后悔都来不及了，这就是没有养成回报的习惯所造成的。

有一个客户打电话要找许小姐，接电话的是李小姐，李小姐回答说："对不起，许小姐出去了。您是哪里？方便的话请留下电话，等她回来时让她打给您。"对方留下了电话，可是许小姐那天下午一直到下班时间都没有回来。

于是李小姐又打电话给那个客户，说："卫老板，许小姐到现在都没有回来，我们快要下班了，您看需不需要我想办法今晚找到她，然后让她打电话到您家去？或者等到明天早上告诉她，请她一大早就打电话给您?"卫老板说无论如何都叫许小姐当天晚上给他打一个电话。结果那天晚上李小姐最终把许小姐找到了，晚上 8 点钟许小姐就打电话给卫老板了。

后来卫老板将此事告诉了公司的总经理，总经理对李小姐留下了很深刻的印象。作为客户，卫老板也从此非常信赖李小姐。

仅仅是一个小小的回报，就能够给客户一种完全不同的感觉。但是平时很多人根本就没有形成回报的习惯，出了问题的时候往往会讲：我以为你知道，我以为梁厂长会拿过来，我以为左先生去了，我以为姚小姐她不要……找各种借口为自己开脱，其实这是沟通的大忌。一个执行能力强的人，一定会主动回报自己的工作进度，做一个让领导放心的下属。

我总是主动向上司报告自己的工作进度。这一点是我在日本航空公司工作时从日本人身上学来的，日本企业在这方面做得非常好。一次，有四个东京的本部长，要到台湾东边的一个小岛南屿去度假，那个岛很小，上面只有两个饭店，而他们要四个连在一起的套房，还要面对太平洋。我打电话去问，一间都没有，我马上回电给东京，那个时候还只能发电报，说一间都没有，但我会努力去找。东京回答了两个字：了解。我就继续我的工作，找到了两间，两个饭店各一间，我马上回电东京：现在找到两间，可惜不在同一个饭店，但我还是会继续努力地找。东京的回电仍然是"了解"两个字。我努力了很久，终于找到了三间在一个饭店里，但仍缺一间。我回电给东京，回答依然是"了解"两个字。

我坐小飞机飞到南屿。到达后，我问服务员："我旁边的那个房间是谁住的？""那是一对夫妇，马上要来度假，今天下午就要入住。"服务员回答。

我听后就坐在那里等，直到那对夫妇到了，并带了一个小孩，我马上走过去说："我是日本航空的，我喜欢您的房间，您能不能让给我？"男的说："我凭什么让给你？"我说："您说得对，隔壁我替您找了一间套房，面对太平洋，可以看到夕阳、波涛，远处有千帆点点，而且免费。"他很疑惑地问："真有这回事？""对，我一定要您的房子。"我说。他拿着行李，牵着他的孩子，挽着他的太太，走向隔壁房间。

我回电给东京："四间套房全部找到，在南屿的绿岛饭店，三楼，连在一起，面对太平洋。"东京回电多了两个字"谢谢"。

没多久，东京的人到了，轻轻地拍着我的肩膀说："你做事很像我们日本人。"其实我不愿当日本人，但是这种赞赏，是一种极大的荣耀。日本人一直认为中国人做事情不太像他们那样认真，我就是要让他们服气。

这件事我一共回电给东京七次，主动报告我的工作进度。当然，那个"免费"的套房是我自己掏的腰包，别人并不知道。可是我愿意做这件事，因为我很快就得到了晋升的机会，这种投资是值得的，这是做事情的精神。

作为一个员工，你有多少次主动报告你的工作进度，让上司知道，让上司放心？对上司来说，管理学上有句名言：下属对我们的报告永远少于我们的期望。可见，上司都是希望从下属那里得到更多的报告。因此，做下属的越早养成这个习惯越好，上司一定会喜欢你这样做的。

要把自己的工作动态随时向上司回报，这样既可以让上司放心，又有助于及时发现问题，并及时修正。

在与平行部门沟通时，可以用故意反问的方式来获得回报，比如，"老韩，昨天下午我拜托你的事情有结果了吗？""啊，对不起，我忘了。""那老韩，今天中午以前能不能给我答案呢？""应该可以吧。"中午 11 点半的时候再问一遍："老韩，现在离 12 点钟还有 30 分钟，那个答案不知道出来没有？""啊，对不起！我 12 点钟前一定给你。"当大家都知道，你有紧盯到底的习惯时，他们就会按要求把事情做好，这就叫做让他人养成回报的习惯。

不单我们交代别人的事要求回报，同样别人交代我们的事也要问清楚。如果有人要求你去买一个笔记本，你应马上询问，笔记本是要空白的还是有格子的，对方可能会说两种笔记本都可以。

"那意思就是随便选一种了？"

"是的。"

"100 页的还是 50 页的？"

"我希望是 100 页左右。"

"是硬壳的还是带皮面的？"

"还是普通的吧。"

只要把该问的话都问到了，对方肯定不会挑理了；否则，如果买了空白的笔记本，对方却希望是有格子的。你会怪对方事先怎么不讲清楚。事实上，不是对方不讲，而是因为你没有问。

所以，事前问清楚，事后负责任。这是有效沟通非常重要的基础和应该养成的良好习惯。

② 勤与上级沟通，确保正确执行

每个人都有上级和领导，都有一个管着你的人。你总得要和领导沟通的，畏缩或逃避永远不能解决问题，所以以积极的心态与上级沟通就很重要。

勤与上级沟通，可以扫除沟通的障碍，使执行顺利进行。经常与上级沟通，才能确保正确的执行方向，确保正确执行上级的意图和决策。

一个替人割草的男孩出价 5 美元，请他的朋友替他给一位老太太打电话。电话拨通后，男孩的朋友问道："您需不需要割草？"

老太太回答："不需要了，我已经有了割草工。"

男孩的朋友说："我会帮您拔掉花丛中的杂草。"

老太太回答："我的割草工已经做了。"

男孩的朋友说："我会帮您把走道四周的草割齐。"

老太太回答："我请的那个割草工也已经做了，他做得很好。谢谢你，我不需要新的割草工。"

男孩的朋友便挂了电话，接着不解地问割草的男孩："你不是就在老太太那儿割草打工吗？为什么还要打这个电话？"

割草男孩说："我只是想知道老太太对我工作的评价。"

这个故事的寓意是：只有勤与老板或上级沟通，你才有可能知道自己的长处与短处，才能够了解自己的处境。但现实是，很多人因为怕受上级的批评，很少有人愿意去和上级沟通。但是永远不沟通也不是办法，因为有些工作需要得到上级的认可或授权，没有上级的意见，有些工作就没有办法进行下去。所以，在与上级的沟通过程中，从选择沟通的时间、地点、方式等方面进行一番精心设计，可以让沟通起到事半功倍的效果。

任何地点都可以沟通

不要以为沟通一定要在会议室，任何时间、任何地点都可以沟通。这里有一个经验值得借鉴：领导很忙，但再忙总得下班回家吧。有些只需要简单回答"YES"或"NO"的，就可以采取这种方法。比如到停车场等候领导，请示领导意见，他一般会简要地说："好吧，就这么办。"这些只需要领导讲一句话的事情，在其他时间和场合都能办成。

有一次我们董事长要去打高尔夫，中午他拎着球杆。我知道他要去打球了，就对他说："董事长打球啊。"他说："哎。"

"我跟你一起去。"

"你也打球啊？"

"不，见习见习。"

跳上车以后，我就把笔记本打开了，我说："反正坐车子闲着也是闲着，董事长，上次那个加薪的方案，您原则上同意，但是您一直没有确定百分比，您看5%怎么样？"他说5%多了一点。

"那4.5%呢？"

"好吧，加薪4.5%。"

"董事长，您说我们的车床应该换新的，那么有日本的、德国的、美国的，根据我的调查，德国的最贵但是性能最好，美国的最差但是价格最便宜，您看我们干脆买一个位于中间的日本的，还是买一个德国的呢？"

"就德国的好了。"

"好，德国的。董事长，我还有一个问题，我们打算派五个人出国考察。您看这五个人是我来决定呢，还是您告诉我名单？"

"好吧，你决定！"

"那董事长，要不要告诉您呢？"

"跟我讲一下就行了。"

"那我明天早上把名单给您……"

我一共与董事长沟通了七件事情，车子就到了高尔夫球场门口了。

"董事长，祝您打球愉快！"

"你不是要见习吗？"

"董事长，我今天突然有别的事情，改天见习。祝您打球愉快！"

董事长可能这辈子都没有看到该下属见习，下属是要跟他沟通，坐在车子里面也能沟通。其实在任何地点都可以沟通，只要能够有机会和领导讲话，就叫做沟通。问题是时间和地点要自己确定，不是等领导下命令，等领导下命令永远都不会有机会。

执行要点

沟通不一定非得在办公室，在任何地点都可以进行，只要能够有机会和领导讲话。

毫无怨言地接受任务

最完整的人事规章，最详细的职务说明书，都不可能把人应做的每件事都讲得清清楚楚。假如公司一位重要的客户要过来，为表达诚意，公司要派人去接他。这是临时的事情，职务说明书里是不会有的。那么被指派的人如果说："凭什么要我去？我已经下班了，当时我来时，你们有没有讲过要这样做？"如果这样子去计较，被指派的人在一个组织里是很难出头的。临时的事是一定要有人做的，你要一口答应，并且要毫无怨言。如果你毫无怨言地去做，你的上司会非常感激你，他即使当时不说，也会利用另外的机会表扬你、奖励你、回报你。

我在某机场当货运部督导时，客票部的一个女职员因怀孕身体反应很严重，支店长就对我说："那个客票部的梁小姐最近身体很不舒服，你可以顺便支持支持，帮她开开客票。"其实我是搞货运的，对开票不太懂，但是他认为我是一个硕士，稍微学一学也就会了，于是我就说："没问题。"没多久我们机场的王主任调到台北，支店长又告诉我说："机场最近很忙，临时还没有派人，你是否可以去机场帮忙做做包机啊？"我说没问题，就到机场去了。后来，我太太生小孩的当天，我正在做包机。第二天有人向支店长说了这件事，支店长问我："有这回事吗？"我马上说："航空第一。"再后来，支店长也调到台北去了，我就升职了，因为客票、包机、货运、仓储我都懂行。

人不要太斤斤计较。中国有一句话：吃苦就是占便宜。这是很有道理的，因为你在一个地方付出了，会在别的地方得到回报。一个公司的成功要靠全体员工的努力，你要毫无怨言地接受任务。

主动提出改善计划

上司进步，就是他所在的部门进步或公司进步。部门进步或公司进步，就是每个人对自己的工作、自己的流程、自己的业务主动地提出改善计划的成果。

这是最难做到的事情。如果你的上司说："各位，我们来研究一下，工作是否可以这么做？"严格说来，这样的话，不应该由你的上司来讲，而应该由你来讲。当你在从事一项工作的时候，每过一段时间，你应该想一下，这项工作可不可以那样做。如果你是你所干工作的专才，而你的上司不是，但上司提出了改善计划，想出了改善办法，你应该羞愧。如果上司说："我要你来干什么？公司请你来，是要你来管理和提高生产效率，你还是这方面的专家，可还要我来替你改善流程。"那你应该好好想想，要养成不断思考改善工作流程的习惯。

我们谁都不敢说自己的工作流程很完善，事实上，任何一个工作流程都不会十全十美，都有改善的可能。如果大家都不去改善，而你做到了，你就会得到上司的赏识。

给领导的答案最好有三四个

向领导请示工作的时候，一定要准备好答案，而且不止一个答案。如果没有自己的想法，那么结果只有两个：其一，领导在心里想，什么工作都要我来想办法，我还要你干吗？其二，领导的智商和我们差不多，他能想出的答案我们也能想出来。与其为难领导想办法，不如我们替他想好了。

值得强调的是，给领导的答案最好有三四个，因为只给领导一个答案，就是"将军"，好像领导非同意不可，这样做是不负责任的。给领导两个以上的答案，最好是三四个。做领导的永远有一个特权，就是在下属呈交的答案里面选一个。还要注意的是，你要在上面注明你自己倾向于选择第几个方案，否则你又会落下一个把柄在领导手中：你当一个专业主管，当一个职业经理人，你难道没有意见、没有想法吗？作为下属，与领导沟通，如能做到不但提几个方案，而且还能对每个方案的优缺点和可能的后果进行分析，才是真正负责任的做法。

执 行 要 点

　　向领导请示工作，要准备好答案，而且答案要超过三四个。否则就是不负责任。

让领导做选择题而非问答题

　　一个善于思考、做事负责的下属，应该是带着答案、准备好对策，去请示领导的。我们与总经理或者董事长沟通时，应当尽量不要提"问答题"，而要多出"选择题"。

　　比如说，你想请示董事长抽时间开个会，如果你说："何总，您看什么时候开会比较好？"那就意味着永远没有答案了。其实你应该善于给董事长出选择题，比如："何总，您看明天开会怎么样，大家想沟通一下？"何总说："明天没空。""那么，何总，您看后天怎么样？"何总没讲话，你就接着问："您看后天早上怎么样？"何总说："后天早上有点困难。""那么何总，后天下午 3 点，您看怎么样？"何总说："好吧，后天下午。""何总，我到了明天下午会再提醒您一下，到了后天上午会再提醒您一下，您看可以吗？"何总点头同意。所以不要指望领导给你时间，你要学会自己安排时间或地点，然后尽量给领导出"选择题"，不要出"问答题"。

推倒部门墙，沟通更顺畅

什么是水平沟通？水平沟通指的是没有上下级关系的平级部门之间的沟通。平级部门之间沟通经常缺乏诚意，没有肺腑之言，没有服务及积极配合意识，所以水平沟通存在很多障碍，最常见的就是"踢皮球"了。

在企业内，这样的障碍无处不在，只有扫除这些障碍，推倒阻隔部门沟通的壁垒，才能使员工在工作执行中顺畅自如，提高执行效率。执行力强的员工有主动沟通的习惯，这样可以加强部门间的合作，加快项目进度。

主动与其他部门沟通

工作能力一向出色的小王被提拔为物料部经理。正式任命以后，升为经理的小王开始到各个部门逐一拜访。比如，他对上级领导说："李总，承蒙您赏识，公司提拔我做物料部的经理，谢谢公司给我这个机会，我以后工作中如果有什么问题，还请您及时点拨……"他对财务部的罗经理说："罗经理，我们物料部和你们财务部以后有什么衔接不太好的地方，您尽管说，以后一定请多指教……"

有些人的做法却恰恰相反。营销部的小杨也升职做了部门经理，升职以后小杨从小隔间换到了大办公室，他并没有去各部门主动沟通，而是每天走进办公室，坐到大办公桌后面，等着别人来给自己恭贺升迁之喜或者汇报工作。

试想一下，他们两个人哪一个在公司会更受欢迎？答案很明显。半年以后，小王被提为副总，小杨又回到了他的小隔间。

同是新主管，小王是有意识地主动与他人沟通，小杨则是"躲进小楼成一统"，而后者的做法是目前多数干部在升职以后容易犯的毛病。公司提拔主管，是要主管在自己的位置上能和别的部门不断沟通以提高工作业绩，而不是要把主管摆到某个位置上任其孤芳自赏。因此，我们一定要学会主动与其他部门沟通。

水平沟通时以双赢为前提

"双赢"，英文翻译为"win‐win"，也就是大家都赢，彼此都有好处。如果一件事情能达到双赢的效果，那么对方会更容易接受。

打个比方，你拿出一个方案跟别人说："哎，老谢啊，这件事情这样做对你有好处。""对我有好处？难道对你就没有好处吗？人不为己，天诛地灭。"对方就会认为你很虚伪，不够真诚，自然也不会信任你。

相反，如果你说："老谢，这件事怎么看对我都有好处。"光对你有好处，还好意思说，那我跟你合作又有什么意义呢？人家会这么想。所以，这两种讲法都不合适。假如你换个说法："老谢，这对我们两个都有好处，是一件双赢的事情。"这时候，对方就会有兴趣听你分析这件事情如何能双赢。

所以，我给大家的建议是：充分权衡事情的利弊，把你和对方的利益都评估一下，只要能证明是双赢的，这件事情就好办。与平行部门沟通的时候一定要双赢。

会谈判的人知道什么时候讲真话，什么时候讲假话，什么条件可以交换，什么条件一定要坚持，这样谈判才会成功，双方达到双赢。

晋文公和秦穆公将要出兵围攻郑国，郑国国君派大臣烛之武去秦国的军营说服秦军退兵。

当天夜晚，烛之武面见秦王，他对秦王说："秦、晋两国围攻郑国，郑国迟早是要灭亡的。如果灭掉郑国对您有好处，那么我怎敢再拿这件事来麻烦您呢？越过晋国把边远的郑国作为秦国的边邑，您知道这是有困难的，而且您怎么会情愿让郑国灭亡来增加邻邦晋国的领土呢？邻国的国土面积大了，国力雄厚了，您的国力就会相对削弱。假如放弃灭郑的打算，那么，秦国使者途经郑国，郑国可以随时供给他们所缺乏的东西，对秦国来说也没有什么坏处。而且您曾经对晋文公有恩，他也曾答应把焦、瑕二邑割让给您，然而，他却暗地里筑起防御工事。一旦郑国被灭，将成为晋国东部的边邑，而晋国又想扩张西部的边邑。所以，晋国迟早会损害到秦国的利益，秦国受损，晋国就会受益，希望您仔细想一想！"

秦王听后如梦初醒，对烛之武的建议深表赞同，就与郑国签订了和约，率军回国。

从这则古代故事里我们可以看出：要说服对方接受自己的提议，不仅要考虑自身的利益，还要站在对方的立场上，告诉他，如果接受提议，对方会得到怎样的好处。

如果烛之武只是乞求秦王放郑国一马，而没有顾及秦国的利益，那么他说得再动情、再可怜，恐怕秦王也不会理会他。

执行要点

要想说服对方，就要以双赢为原则，就是彼此都有好处，这样对方才容易接受。

自己先提供协作，再要求别人配合

人都是先帮助别人，才能有资格叫别人来帮助你，这就叫做自己先提供协作，然后再要求别人配合。我们不妨借用团队管理的例子，说明这一道理。令人欣羡的高绩效团队是一支"常胜军"，他们不断破纪录，不断改造历史、创造未来。作为伟大团队的一分子，每个人都会骄傲地告诉周围的人说："我喜欢这个团队！我觉得自己活得有意义，我永远不会忘记和那些人心手相连、共创未来的体验。"

有一次，我到马来西亚出差，在机场看到一个很漂亮的高尔夫纪念品，就把它买回来了。其实我不打高尔夫，但我们那个财务经理很喜欢打高尔夫，我要把那个纪念品送给他。后来我发现税法修改，我就马上买了两套最新修改的税法，也送给了他。我当然知道，他若要求公司买公司也会买，但是我买了两套送给他，感觉就不一样了。结果有一次我的原料商对我说，我们公司每次给他们开票的时间太长，他们都不想把好的材料给我们了。没有好的材料哪能做出好东西？我只好对财务经理说："对方说我们每次开票，开三个月的久了一点，好的铁砂不想卖给我们了，你看开两个月怎么样？"

他愣了一下说："当然。只要董事长没有意见，我就没有意见。"

"太好了，我刚才向董事长汇报过，他说只要你没有意见他就没有意见，既然你们两个都没有意见，那么就开两个月的吧。你看怎么样？"

"好吧。"财务经理答应了。

问题就这样解决了。财务经理为什么如此痛快地答应开两个月的呢？其实是我先帮了他的忙，他自然也会帮我的忙。

主动帮助别人

公司中的每一个部门的繁忙时间都不太一样，总有一些部门在很忙的时候而另一些部门比较轻松。

当今一个强调团队精神的时代，公司的成功要靠整个团队。团队成员需要良好的协作，也需要互相帮助。一个人不忙时，要主动帮助他人，这是一种团队精神。在麦当劳，如果没人扫地，店长也会去扫地，并会帮人点餐。如果有一队排得很长，其他队人很少，一定会有店员说：那边的客人请到这边来。麦当劳文化的一个重要特点就是快速的服务，做到这点的一个重要原因就是员工能够在不忙的时候，主动帮助他人。其实这一点也是美国公司的一种文化，我们需要学习。

今天你帮助别人，不仅是一种积极的工作态度，也是有利于你自己的良好作风，因为有一天，你也需要别人的帮助，别人也会来帮你。如果一个人只顾自己的思想，那么这个人在组织中的沟通一定有问题，其执行力就会大打折扣。

有一个人做了一辈子善事，死后被批准进入天堂，天使带着他走在去天堂的路上，正好路过地狱的门口，天使问他："要不要去地狱看看？"他说："好！"于是他们就走进了地狱。

地狱里真是可怜，每个人都饿得面黄肌瘦，有气无力，来了人连眼皮都懒得抬一下，一个个无精打采，瘦骨嶙峋。正好开饭时间到了，两个天使抬过来一大盆味道鲜美的鱼汤，里面都是海鲜和大块的鱼肉，还有很多新鲜的蔬菜、米饭团，香味扑鼻，令人垂涎欲滴，每个人还发了一个一两的小馒头。

看到地狱开饭了，天使就带这个人出门向天堂走去。

路上，天使介绍说，天堂和地狱吃饭是有规矩的，每个人都必须严格遵守，每个人每天只发一个一两的小馒头或窝头，汤却管饱，愿意吃多少都行，愿意喝多少都行，愿意吃稠的尽管吃，愿意喝稀的尽管喝。

这个人心里纳闷：这么好的生活，地狱里的人怎么会饿成这样呢？他刚要问，天堂到了。

天堂里也刚开饭，这个人更觉得奇怪了，天堂里的生活远不如地狱，每人一个一两的玉米面窝头，也有一大盆汤，但只有几样蔬菜，没有多少油水。可是，天堂里的人却个个容光焕发、神采奕奕，人人心宽体胖，高兴得合不拢嘴，见他们进来纷纷热情地招呼他们吃饭。

开始吃饭了，每个人发了一个一米多长的大勺子，大家兴高采烈地相互帮忙，两个人一对，你喂我，我喂你，一会儿工夫，大家就都吃饱了。饭后，大家快乐地忙起各自的工作。

这个人再也忍不住了，问天使："为什么天堂里的饭一般，每个人却既健康又快乐，而地狱里的饭那么好，他们却饿得像虾米，还不快乐？"天使说："都是勺子惹的祸。"

天使进一步解释："咱们这里有规定，无论是天堂还是地狱，都发一米多长的大勺子，而且吃饭喝汤时，手只能拿勺子头。你想，勺子把比胳膊都长那么多，谁能自己用勺子把饭递到嘴里呢？"

这个人终于明白了，在天堂里人与人之间的互相帮助是很自然的事，所以大家都过得很好；但地狱里的人却不懂得这个道理，谁也不想让对方比自己过得好，谁也不首先帮助别人，所以大家就只有集体挨饿了。

这虽然是个编造的故事，却告诉我们人与人之间相互帮助的重要性。我们只有先帮助别人，才有机会让别人帮助我们。当旁边的人做得不太好，或你不是太忙的时候，应伸出手帮上一把。你这样做，受帮助的人不但会感激你，而且在日后你需要帮助的时候，他也会义无反顾地帮助你。但是很多人都是独善其身，只顾把自己的事情做好，别人的事情都不管。

我年轻的时候有这样一个习惯，就是把所有被我帮助过的人的名字都悄悄地记在本子上，以后找人帮忙的时候，先打开看一看我帮过他没有，帮过了就有胆子叫他帮我的忙，我相信他不会忘记的，他真的忘了我也会给他提示，怕的就是从来没有帮过他。

所以说，人与人之间是相互的，只有你主动地去帮助别人，等你需要帮助时，别人才愿意向你伸出援助之手。

执行要点

主动帮助别人，不仅是一种美德，也是团队精神的体现。公司的成功要靠整个团队。团队成员需要良好的协作，也需要互相帮助。

多替他人着想

一个业务经理对厂长说："厂长，这个订单你给插个单吧！"插单就是指在生产计划中，临时来了一个订单把它插进去。

厂长说："这样插来插去，乱七八糟的，这个工厂还能干什么？"

业务经理说："厂长你不想插，我也无所谓，公司都不在乎，我也不在乎，反正你看着办。"说罢，就走了。

厂长心想：跟我来这套，我就不插！

这时，另一个业务经理也要插单，他去找厂长时完全不是刚才那位经理的态度。他说："厂长，我刚刚坐上这个职位，好不容易抢了一个订单，看起来是个小订单，但对我来讲是拼了半条老命才拿到的。厂长，我知道您的工作很满，但是我已经查了一下，下个星期二、星期三、星期四，您分别各有两个小时的空当，我这张小单四个小时就可以做完了。您看，下个星期二到星期四，我能不能用您其中四个小时，比如说星期二两个小时，星期三两个小时？"

厂长还在犹豫。业务经理又说道："厂长，我的兄弟会过来帮忙，您看是搬材料还是搬机器？还有，厂长，我手上有一点点预算，2万块钱，我打算拨个5000块给您的兄弟们，加加菜，喝喝汽水，您看怎么样？"

厂长一听，笑了笑说："好吧，你的兄弟不用过来。"

为什么前一个业务经理插单不成，后一个业务经理就成功了呢？一个人与别的部门沟通的时候，不但要主动地帮别人把事情分析好，还要想办法让别人只说"是"、"可以"，这叫做体谅。一个人要多体谅别人，从别人的角度去替别人着想、替别人排时间、替别人去找预算，这才叫做真正解决问题。

面对同事要谦虚

在企业里，凡是比你先进入企业的人都是你的前辈。日本人有一个词叫"先进"，无论谁进入企业工作，面对其他部门的同事要谦虚，多称他们为"先进"和前辈，这对后来者没有任何坏处。一个人只有学会了谦虚，在需要帮助的时候才会比较容易得到别人的支持。

在单位，王经理与同级领导的关系非常紧张，他为此感到很苦恼。这一天，他向朋友诉说心中的苦闷，朋友给他讲了一个"让地三尺"的故事。

古时候，一个丞相的管家准备修一座后花园，希望花园外留一条三尺之巷，可邻居是一名员外，他说那是他的地盘，坚决反对。管家立即修书京城，看到丞相回信后的管家放弃了原计划，员外颇感意外，执意要看丞相的回信。原来丞相写的是一首诗：

千里家书只为墙，

让他三尺又何妨。

万里长城今犹在，

不见当年秦始皇。

员外深受感动，主动让地三尺，最后三尺之巷变成了六尺之巷。

王经理听了这个故事很受启发，后来他和同级的同事相处得非常融洽，且配合默契，工作效率也大大提高了。

简化语言，提高效率

一个人讲话漫无边际，可能是思路混乱的表现，也可能是委婉曲折地达到目的的手段。值得警惕的是，对大多数人来说，那只不过是一种习惯。用简洁清晰的语言来表达清楚自己的意思，是每位员工尤其要注意修炼的本领。

讲的永远是重点

简化语言的关键就是讲话要有重点。例如，客户在听你讲话的时候，将其后背贴在椅背上，这表示他没有兴趣，从心理学上来看，这表示他的无所谓态度。但是一旦讲到折扣问题，客户会突然将身体从椅背上移开，这表示客户在注意倾听。但这种注意只有十分钟。这是很关键的十分钟，如果你讲得不好，客户的后背又会靠在椅背上了。

一个人的注意力只有十分钟，在这十分钟里如果没有抓住客户的注意力，客户就会什么都听不下去了。所以，与别人沟通，向别人作简报，或向别人介绍产品的时候，不要永远都是那套资料，先准备一下：对方如果给你两个小时，你说些什么；对方如果给你一个小时，你说些什么；如果对方给你30分钟，你说些什么；如果对方只给你留10分钟甚至3分钟，你想要说什么。

如果你是卖劳斯莱斯汽车的，而对方只准你讲一句，介绍你卖的汽车，你要讲什么？那当然只有一句话，就是劳斯莱斯汽车的每一个零件都是手工打造，其他的什么都不用讲了。因为这个特点，绝大多数汽车都是做不到的，所以劳斯莱斯卖得这么贵。

任何事情都有其重点，做任何报告的时候都要把自己的资料做成各种形式。很多人有一个毛病，一个小时的资料给他半个小时去说，他就省略一半，这样做是不对的。两个小时的话浓缩成一个小时，一个小时的话浓缩成30分钟，30分钟的话浓缩成10分钟，一个负责任的业务员会自己将资料不断地浓缩，给他多长时间他就讲多长时间，但讲的永远是重点。

复杂的问题用简单的比喻

即使很复杂的问题，也可以用简单的比喻讲出来。在这方面，我国古代先贤之一孟子是典范，他讲话就很喜欢用比喻的方法。所谓善用比喻，就是举例子，例子因为生动、真实可信，非常容易使人触动，使人一听就明白了。

爱因斯坦有一次参加一个晚会，有一位老太太对他说："爱因斯坦先生，你真是不得了啊，得诺贝尔奖了。"爱因斯坦说："哪里，哪里。""爱因斯坦先生，我听说你得诺贝尔奖的那个论文叫做什么相对论，相对论是什么东西啊？"

问他这话的是一个七十多岁的老太太，爱因斯坦要怎么回答呢？能量等于质量乘以光速的平方，这种相对论的公式，她能听懂吗？爱因斯坦马上就用比喻的方法告诉她。

"亲爱的太太，当晚上 12 点钟，你的女儿还没有回家，你在家里面等她，10 分钟久不久？"

"真是太久了。"

"那么亲爱的太太，如果你在纽约大都会歌剧院听歌剧，10 分钟快不快？"

"真是太快了。"

"所以太太，你看两个都是 10 分钟，相对不同，这就叫做相对论。"

"哦，我明白了。"

爱因斯坦以最简单的比喻方法，给老太太讲了相对论的概念，如果真的从学术角度讲，那么老太太是无论如何也听不懂的。

有一次，我和一个朋友到上海电影院去看电影，电影海报上写了个"杜比音响"。朋友见了，就在旁边自言自语地说："怎么每个电影院都说杜比音响，什么叫杜比音响？"我说："杜比音响就是声音的洗衣机。音带录出来的时候上面有很多杂质，如果你不用一个操作系统将杂质洗掉，在放大的时候噪声会很大，没有杂质的原音在放大的时候只有震撼效果，不会显得嘈杂，这种系统就叫做杜比音响。所以简单地讲，杜比音响就是声音的洗衣机。""哦，我明白了。"朋友高兴地说。

一个"杜比音响"，朋友看了十几年都没有想明白到底是什么，而"声音的洗衣机"使他豁然开朗了。所以与别人讲话不但要注意重点，还要善用比喻，用很简单的方法说出来，让别人一听就明白。

执行要点

把复杂的问题简单化，可以通过比喻的方法，这样通俗易懂。

5

沉默在前，言论在后

上帝给了我们两只耳朵、一张嘴，就是希望我们多听别人讲话。中国人自我表现的欲望比较强烈，一个人讲话，另一个人马上就说："不是，不是。"喜欢与人争辩，以致最后得罪了对方。与客户在谈判和讲话的时候，应当注意沉默在前，发表言论在后。我们常说言多必失，话讲多了就有漏洞。找准客户"软肋"最简单的方法就是先听客户讲，然后抓住客户的漏洞，等我们反问客户的时候，客户就理屈词穷了，这时无论你说什么，客户都会听下去。

我在读初二的时候想做一件工艺品——一个大楼的模型，但是家里没有线锯。我知道徐伯伯家有这样的锯子，于是找他帮忙。徐伯伯原先是我爸爸的一名部下，退役以后做了一名木工。他帮我锯模型材料时，在那里一面拉锯，一面发牢骚，说他老婆如何被留在祖国大陆，没有带到台湾地区，他如何孤独，死了也不知道谁送葬等等。这样的一大堆话，我这个初二的学生怎么可能听得懂，我一声不响地站在那里听他讲。

后来他做完了，把那个模型给我的时候，我就问他："多少钱?"他说："不要钱。"我一听不要钱就很高兴，但是我没有笑出来。他讲道："孩子啊，你将来长大以后，如果想有什么成就，一定要注意听人家讲话，这是很重要的习惯。"

其实，我当时哪里听得懂这么有学问的话? 我只是希望赶快离开，免得他后悔。

后来我到台北念大学的时候，我爸爸写信告诉我徐伯伯去世了。我进入社会以后，常常回味他这句话。一个人做事情要想成功，注意听别人讲话，的确是非常重要的习惯。

一个人要善于倾听，在听别人讲话的时候准备答案，然后思考别人的话，从别人的话里面找出漏洞，再去辩解，而不是一开始就打断别人讲话，那样弄不好会把事情搞砸。

一个不会倾听的人通常也不会讲话。只会讲不会听叫做强辩，会听又会讲叫做善于思考。一个人要先学会倾听别人讲话，然后再提出自己的观点，即先听后辩。

不只会听，还要不时提问一两句

与对方沟通的时候，要不断地提出问题去澄清你的想法。记住，大部分的问题都是越问越接近答案，不久问题的答案就自然而然浮现出来了。很多人都不喜欢问问题，而是坐在那里不吱声，这是不对的。一个人在倾听和提问的时候，很快就会找到问题的答案。

有人说谈判很困难，其实不难，难的是该听的时候没听，该问的时候没问。

根据研究，别人在讲话的时候，如果你常常提问题，会让他认为你在注意听他讲话，觉得话题非常有兴趣。人在讲话时最害怕的是对方一点反应都没有，弄得自己都不知道别人对这个话题有没有兴趣。所以与人沟通时，不要只会听，不时地提问一两句，这样对方会非常愿意一直往下讲，而且会讲出你想知道的内容。

执 行 要 点

只会听是不够的，应该多提问题。通过多问问题，接近答案。而且问问题也可以使说话的人愿意一直往下讲。

不要打断别人

不要打断与停止说话并不一样。停止说话是你不发表意见而让别人发表，不要打断是不要在别人的话中间插话。

有一次，我和太太在讲话，我的大女儿那时候还很小。她冲过来说："爸。"我说："宝贝儿，我在与你妈妈讲话，你不要打断。这是一种很不礼貌的行为，以后看到爸爸妈妈在讲话，你有事情就站在旁边，我会问你。好吧?"后来大女儿就学会了，我与她妈妈讲话的时候，她一过来就站到旁边，我就问："有事吗?"

"爸，我可以跟你讲话吗?"

"说吧，什么事情?"

在别人讲话的时候，不要打断对方；别人在讲话时，旁边过来的人也不要打断。

在客户面前，你的手机永远不要响起

在客户面前，要养成把手机关掉的好习惯。有一个业务员要把润滑油卖给某公司，可那天那个业务员在对方总经理面前打了四次手机。打第四次的时候总经理就说："你好像很忙啊?"他说："唉。"总经理说："你出去把手机打完了，再进来跟我讲话，我希望你再跟我讲话的时候，不要开手机。"他说："对不起，对不起!"最后，总经理语重心长地说："年轻人，你要把这个坏习惯改过来。我给你个忠告，这辈子要想让客户喜欢你，在客户面前，你的手机最好永远不要响。"

避免小动作

所谓小动作，就是这个动作不雅，而且会令人产生一些联想。一个人平时要养成好习惯，在听别人讲话或与别人沟通的时候，应注意以下几点：

第一，不要在角落讲话。那会使人觉得你有秘密。有一次，一个总经理到旗下的家具店去。那个店长跟他说："能不能借一步说话？"借一步说话就是到角落里去讲。总经理马上就暗示他说："我们都是主管，到角落讲话，别人就会认为我们在谈秘密。"

总经理还说："你也是管这个门店的，我希望你注意一件事情，讲话就要光明正大地讲，不要到角落去讲，不要在洗手间讲。如果真的不能让别人听到，那么晚上到我家去，或者是下班的时候我请你去喝咖啡，我们到那里去讲。"

第二，不要关门。关起门也使人认为是在谈秘密。在很多公司的办公室里，隔间玻璃不透明的部分大概只有桌子那么高，上面的部分全部是透明的，这样做不是防止员工睡觉，是希望大家不要有隔阂。后来有人说这样有压力，所以又改成腰部以下是不透明的，颈部以上也是不透明的，只有中间一条是透明的，总之就是不要做成封闭的。

但是很多人讲话的时候，不但喜欢关门，关门时还要做一个动作——像小偷一样伸出头去看一看外面，这个动作非常不好。

第三，不要压低声音。同样的道理，压低声音会使人觉得有秘密。有人讲话讲到重点的时候，突然声音会很小，有的还故意用手遮一下，这都是暗示别人，我们正在谈秘密。

第四，不要"狼顾"。狼在跑的时候会回头，因为狼是天生非常狐疑的动物，对其他的动物有防备。所以狼有个习惯，在跑的时候经常回头，这个动作在面相学上称为"狼顾"。很多人在讲话的时候，也有这种小动作，这是一个坏习惯。

> **执行要点**
>
> 和别人沟通时，不能有如下小动作：不要在角落讲话；不要关门；不要压低声音；不要"狼顾"。

第六章
提高职业化，提速执行力

人性的弱点决定了这样的结果：领导不要求，员工就不会有想法。因此，无论是普通员工，还是各层级的管理者，都要不断改善自己，提升自己的能力。

日本的企业家、管理专家大前研一曾写了一本书，书名叫《专业主义》，这里的专业也就是我们常讲的职业化能力。

同样是做快餐行业，我们感觉麦当劳和肯德基比较职业化；同样是零售卖场，我们感觉沃尔玛和家乐福比较职业化。其实，国内这些企业的员工大部分是中国人，可他们给我们的感觉好像就是很专业，到他们那里吃饭或者买东西就是感觉不一样。这其实就是职业化。

简单地说，我们每个人在做事时，要有做事的样子。公司的每个工作岗位都有对员工能力和技术方面的要求，也就是专业化的工作技能。具备了这样的工作技能，员工做起事来才够职业化。也只有职业化的员工，才能将任务执行到位。

一般来讲，客户到你的企业去购买你们的产品，首先看到你这个人，再决定购买你的产品，因为客户先喜欢你，然后才会喜欢你的产品。所以，培养自己职业化的能力非常重要。一个顶尖的业务员什么东西都能卖，因为客户看上的不是商品，而是业务员个人。

企业常见的五种非职业化员工

目前很多公司的员工都不够职业化，具体表现为具有以下五种非职业化的特征。

对业务只懂一点点

作为一名员工，对自己的业务知识一定要牢固掌握，而且只掌握自己的主业还不够，因为这是一个多元化的时代，不能够只懂一点点常识。比如一名销售人员，除了了解自己所卖的产品之外，所有与产品相关的知识也要尽量多地了解。

讲一个简单的道理，我们在北京乘坐出租车，如果司机只知道路怎么走，却对北京的文化与历史都不了解，坐在出租车上乘客随便指一个建筑询问司机，司机都讲不出来，随便问一个问题司机也答不上来，那么这个司机就只懂开车，其他的什么都不管，就不是一个职业化的司机。

由此可以看出，多元化的知识是我们应该具备的，也就是说，你的知识了解程度要比别人深，范围要比别人广。

我们常常把东西卖到欧洲和美国，现在大家都实行反倾销税和平衡税，因为欧美国家常常认为中国的资源是宏观调控的，有的土地根本不用付费，而且工资非常低，主管的薪水也常常不合理，所以他们认为我们有成本偏低的现象，也可以说是类似于政府补贴，他们就对我们实行反倾销税和平衡税。中国的电器、鞋和衣服最近在欧美国家常常被他们施以反倾销税和平衡税，这也是多元化知识当中的一部分。整个中国的服务业占全国 GDP 的 11% 左右，与欧美国家的 60%～78% 相差很远，连印度都已经是 51%～52%，其中的原因是什么？在计划经济时代，我国比较偏重制造业，这是当时的经济体制所留下来的。

其实服务业不太好做的原因，一方面是意识，另一方面是其要求，即要做到怎样的人性化才行。我国过去对这方面并没有太在意，所以中国的服务业并不发达，占 GDP 的比重也很小。听说 A 股对外国的机构要开始松绑了，如果以后外国的投资人可以买中国的 A 股，国内的公司是否希望股票上市？股票上市有什么好处、有什么坏处？股票上市的透明化对你有什么影响、有什么干扰？股票上市圈钱回来是要买设备，还是投资其他产业？这都是多元化的知识，是我们应该了解的。

所以，当前的业务员应该是除了自己的主业以外，还要知道很多其他的知识，不能够只懂一点点。第一，你知道的要比客户知道的更深入；第二，你知道的要比客户知道的范围更广，这就是多元化的知识。

执行要点

做一个合格的员工，要对自己的业务多了解一些，至少要比客户了解得多。

屡次犯同样的错误

人们把 20 世纪 70 年代后出生的人称为"Freeter"，我们把这个词翻译成"飞特族"，意思是游手好闲、自由来去的人。

日本做过一个调查，在 18～35 岁的人中，既不想上学也不想上班，又不愿意接受培训的人越来越多，在失业人群中，这类人几乎占到 1/5～1/4。日本人给他们也取了个英文名称——"NEET"，即"not in education, employment or training"的缩写，意思是，既不上课又不上班，也不接受培训。

不管是"Freeter"还是"NEET"，现在这样的年轻人越来越多了。这部分人游手好闲，无心学习，更没有心思工作，一旦进入公司，接受工作后，既无目标又无能力，所以在工作中，做事不用心，总是不停地犯错误。

第一次犯错叫做不知道，第二次犯同样的错叫做不小心，第三次犯同样的错叫做不可原谅。那么，为什么许多员工都会发生这种现象？主要的原因是做事不用心。用心的人和不用心的人的区别就是，用心的人，同样的错误只犯一次；而不用心的人，同样的错误会犯很多次，甚至是屡教不改。

小王是一家汽车公司的销售员，他刚来公司的时候销售业绩排在倒数第一，一年后他却成了销售冠军。此后，小王的销售业绩稳步增长，月月得冠军，年年得冠军。很多同事羡慕不已，向小王取经，问他有什么秘诀。小王从包里拿出一个黑色的笔记本，对同事说："这就是我的秘诀。"同事翻开一看，里面密密麻麻地记录了小王与客户打交道所犯下的每一次错误，以及每一次犯错误后的心得。

有一次希尔顿去日本东京，在飞机上遇到了一位女记者。这位女记者问希尔顿："希尔顿先生，您取得了辉煌的成就，您的经营技巧是什么？我和所有人都想知道。"

希尔顿听后笑了笑，没有正面回答，他对女记者说："你到了东京之后，住进我的旅馆，临走时把你不满意的地方告诉我，当你下次来住时，我们不会再犯同样的错误。这也许就是我的技巧吧！"

错误一方面使我们陷入困境，另一方面也促使我们警醒，我们要善于从错误中思考和总结。如果我们对自己犯的错误置之不理，那么错误对我们来说就仅仅是一个错误，而不会成为经验和教训。这样的错误是没有价值的。

总结错误是理性的思考，是从实践上升到理论的必经之路。只有善于分析错误，才能有所收获。如何使犯错误的成本降至最低？如何使犯错误的人进步得更快？答案只有一个：不要犯同样的错误！

不思考是否有更好的办法

我们大多数人都会认为国外的医院比国内的医院更好，原因就在于国外的医院常常在思考专业化的概念，常常在改善自己的专业能力，而国内的医院则不太注重这方面的事情。

患者到医院有 75% ~80% 的时间都是在等待，为什么我们的医院在这个问题上没有更好的办法呢？挂号是否能有更好的方法？一个医院 70% 的患者都是小病，25% 的患者是比较大的病，5% 的患者需要挂专家门诊。小病为什么不安排在百货公司和超市的一楼来让护理医师诊断？大病再去医院本部，这样所有的患者就不会天天挤在医院里。类似这样的事情如果每个人都想办法改进，是不是可以提高工作效率，而且给患者带来更多的便利，从而显得更专业？

作为企业的一员，如果不能常常思考是否有更好的办法来改善工作流程、提高工作效率、提升执行力，那么就算不上专业。

我发现向银行贷款时，银行工作人员会很有技巧地告诉我们，现在用的是浮动利率，就是物价在上涨的时候，国家的贴现率和存款准备金率也在上升，银行就加息，并说："对不起！先生，从下个月开始，你的利息要涨了。"

这个我可以接受，因为是按照国家的指标去调整的，但很奇怪的就是下调的时候，他们从来不告诉我。我和银行交往了这么多年，发现每次加息的时候，银行绝对不会忘记我；但是降息的时候都是我先发现的。当我发现后询问的时候，银行工作人员很不情愿地说："这是银行的规定……"

当你给客户的信息可能是旧的、过时的或是错误的时，无论是企业还是员工都要及时地更新信息，而不是当客户问起来的时候，还没有意识到自己的不专业，不去思考更好的工作方法。

只想到自己，对任何事情不主动沟通

现在城市里大部分二三十岁的年轻人都是独生子女，从小在家里是家长的心肝宝贝，到公司上班，打个招呼坐在自己的位置上，就再也没有声音了。他们对什么事情都不会进行主动沟通，也不会关心他人。门口来了一个客人，前台接待小姐小邓不知到哪里去了，发现的人居然也无所谓，只会喊："小邓，小邓！"却不会自己走上去招呼一下，给客人先倒杯茶，让客人坐下。

彼得·德鲁克去世前所写的最后一本书《卓有成效管理者的实践》就是有关21世纪的一种反思。德鲁克研究了人的行为很久，得到一个心得：现在的人越来越缺乏自我管理。

关于自我管理有四点内容：

第一，我的优点是什么？我的强项是什么？我如何发挥我的优点和强项？

第二，我平常做事情用的是什么方法？有多少方法是自己悟出来的？有多少方法是向前辈、领导学习的？有多少方法是在外面体会到的？

第三，我帮助过谁？我与谁主动地进行过沟通？我关心过公司的问题吗？我是否关心部门和组织的状况？我曾经主动地关心过别人吗？

第四，你到公司上班的目的是什么？你的价值观是什么？你这一生打算做什么？你到这家公司想要学什么？你在这家公司想要体会什么？将来带着什么离开这家公司？你对这家公司作了什么贡献？这叫做价值观。有些员工每天坐在那里，研究薪水为什么没调，奖金为什么太少，老板为什么不分红，为什么不拿些股票给自己，他们的价值观大概就是这样的。

彼得·德鲁克所讲的自我管理是非常有道理的，这反映出现在的一些年轻人每天都只想到自己，从来没想过应该主动地与他人接触。

执行要点

要学会自我管理，不能每天都只想到自己。要有主动性，遇到事情要主动与他人沟通。

缺乏危机意识

19 世纪末，美国康奈尔大学做过一次著名的实验。实验研究人员做了精心的策划和安排。他们捉来一只活青蛙，冷不防把它丢进一个煮沸的开水锅里。这只反应灵敏的青蛙在千钧一发的生死关头，用尽全力，猛地跳出那势必让它葬身的锅。隔了半个小时，他们使用一个同样大小的铁锅，这一回往锅里放入冷水，然后把那只刚刚死里逃生的青蛙放进锅里。青蛙自在地在水中游来游去，接着实验人员在锅底偷偷地用炭火加热。青蛙开始时依然在微温的水中享受"温暖"。慢慢地，锅中的水越来越热，青蛙觉得不妙了，但等到它意识到已经承受不住锅中的水温，必须奋力跳出才能活命时却为时已晚，它全身发软，呆呆躺在水中坐以待毙，直至被烫死在锅里。

这个实验说明了缺乏危机感的危害性。在一种渐变的环境中，即使你已经很先进、很成功，但如果不能保持清醒的头脑和敏锐的感知力，并对新变化作出快速的反应，而是贪图享受，安于成功的现状，那么当你感觉到环境的变化已经使得自己不得不有所行动时，你也许会发现，行动的最佳时机早已错过了，所有的行动只是徒劳，等待你的只是悲哀、遗憾和无法估计的损失。

我们随时都要做好准备，知道如果发生了危机我们该怎么办，这叫做有危机感。如果员工或领导懂得将问题消灭在萌芽状态，或者虽然危机发生了也会用最快、最妥当的方法将其化解，这就叫做有危机感。有危机感的员工或领导就称得上职业化或专业化。

执行要点

要有危机感。尤其是在渐变的环境中，即使你已经很先进、很成功，也要保持清醒的头脑和敏锐的感知力，并对新变化作出快速的反应。

赛车手最害怕的事情当然是翻车了。万一不小心起火，那就更不得了了。为防止类似情况的发生，F1 赛事在上海举办的时候，主办方特别在现场准备了直升机以抢救出事的赛车手，而且他们在几分钟之内就可以把受伤的选手送到直升机上，并立刻飞到医院的上空，医院的楼顶上有一个不锈钢的停机坪，飞机停稳后医务人员再以最快的速度把伤员送上担架，在数分钟之内抬到急救室，然后医生就开始做手术，这样就可以最大限度地挽救赛车手的性命。所以 F1 赛事开幕后，在赛场的中间停了一架直升机，直升机加满了油随时准备起飞，这件事情做得非常完美。据说直升机最后也没能派上用场，但随时准备应付意外情况的发生，这就是所谓的具备了危机感。

未来是不可预测的，而人也不是天天走好运的，正因为如此，我们才要有危机意识，在心理上及实际行动中有所准备，以应付突如其来的变化。如果没有准备，不要谈应变，仅心理受到的冲击就会让你手足无措。发生危机时，或许不能彻底消除，但却能够把损失降到最低，为自己找到解决之道。

② 员工走向职业化的五个途径

帮客户买东西

既然要有专业化的工作技能，就要先弄清楚两个词的区别，一个是marketing，另一个是 sales。这两个词的中文意思非常接近，marketing 即营销，sales 即销售。对没有学过管理的人来讲，这两个词听起来都差不多，但英文原意就相差很远了。sales 是把东西卖给别人，marketing 是了解市场需要什么，两者是有区别的。marketing 叫做顾问式销售，像一个顾问那样提供专业的产品给客户，而且销售人员把专业的知识也告诉客户。那么，除了字面上的差异，sales 和 marketing 究竟还有哪些区别呢？

从程度上来讲，客户不知道的你知道，客户知道的你比客户知道得更清楚、更深入，这就叫做 marketing。

有人说，劳斯莱斯是世界上最棒的汽车，那么德国奔驰会不会就不如它呢？答案是否定的。奔驰中有款汽车叫做迈巴赫，比劳斯莱斯更有人气，它的人气会在哪里？奔驰汽车销售人员会告诉你，电影中常常有这样的画面：警察开车追逐歹徒，并向歹徒开枪，不知道为什么美国车很容易起火，但是很少看到奔驰车会起火。奔驰车为什么不容易起火？它的油箱是怎样设计的？奔驰汽车销售人员会一一讲解。

很多人喜欢购买沃尔沃汽车，原因是它足够安全。沃尔沃汽车从山坡上滚下去的时候，一般不会把人给夹死，因为汽车的四个门会自动地弹开，而且汽车座位上的那一圈钢板是一次成型的，不是拼接的，驾驶者在里面不容易受重伤。所以，我的一个朋友和他的两个儿子开的全部都是沃尔沃汽车。当你去买车的时候，沃尔沃汽车销售人员肯定会把这个特点讲得非常精彩。

我们去德国的时候都想买一把德国的刀，去日本的时候都想买一把日本的剪刀，我一到德国或日本，别人总是托我带刀或带剪刀。在北京、上海和广州这些大都市也有卖刀的，我也看到他们把德国刀具摆在那里，还是有名的"双立人"，这个刀已经有将近三百年的历史了。我就问销售人员这个刀好在哪里，他说很锋利。但我问他如何锋利，能否说出它是什么合金做的，是否知道刀背、刀柄、刀刃的材料与其他的合金有什么差别，他说不清楚，只知道这个刀很锋利。我有一个朋友是做裁缝的，一把日本剪刀用了 20 年还在用，非常锋利。用的人可以说剪刀用了 20 年还很锋利，但是卖的人一定要把顾客的问题讲清楚，使顾客满意。

为什么许多人喜欢买瑞士刀？难道瑞士刀的销售人员知道瑞士刀的结构吗？其实无论是买德国刀、瑞士刀，还是日本剪刀，结构无所谓，重要的是看卖刀的人能否把刀的材质原理讲清楚。

如果客户知道的比我们知道的还多，甚至比我们知道得更清楚、更专业的话，我们看起来还像专业销售人员吗？如果不能比客户知道更多，那么我们还怎么能够把产品卖出去呢？

因此，专业的销售人员会帮客户买东西，而不是卖东西给客户；在了解客户的真正目的后，会给客户提供一些指导性的建议，而不是一味地教条式地讲解。

有一次我在上海带一个朋友去吃烧鹅仔，去的是一个香港人开的鹅肉店。那天正好遇到那个香港老板，他对我说："余先生，你今天应该吃两盘啊！"我问："为什么？""你很辛苦，容易生病啊！"他说，"世界上有两种动物是不得癌的，一个是海里面游的鲨鱼，另一个就是陆地上跑的鹅。不知道为什么，这两种动物就是不得癌，即使医学家们把癌细胞注射到它们的身上，它们仍不得癌。但是至少我们知道一件事情：鹅与鲨鱼的身上一定隐藏着某些抗癌的物质或者抗体，反正余先生你吃下去就对了。"

结果那天我吃了两盘，以后我就星期一、三、五吃鲨鱼肉，星期二、四、六吃鹅肉。我不知道为什么这些话只有老板说，而店里面的服务员却从来没有讲过，因为我去那家店不止一次两次了。香港老板的这段话给我以深刻的印象，这就是指导性的建议。

什么叫做帮客户买东西？案例中的香港老板就是在帮客户买东西，因为他给客户提出了指导性的建议。帮客户买东西要记住客户来的目的，了解客户真正的需求是什么，以及客户潜在的问题是什么。很多员工都是把公司给的教条式的讲法，像背书一样背给客户听，这不但非人性化，而且缺少指导性的建议。我们卖东西给客户是要给一些指导性的建议，而不是机械地背诵。

真正的销售是要帮客户买东西，站在客户的角度想问题，客户不知道的你知道，客户知道的你比客户知道得更清楚、更深入。

搜集整理自己的资料库

在新员工刚进入一家公司后，公司一般会把产品和客户的一些资料发给新员工，这些资料是公司的基本资料，但是通过一段时间对资料的学习和利用，不同的员工会有不同的业绩。这就是因为有些员工能将这些基本资料重新进行组合，按照客户的重点和需求组合成客户所需要的。

通常情况下，在给客户看资料时，不要先将很复杂的资料摆在客户的面前。否则，你讲的话客户可能听不进去，因为客户一直看你给的资料，一直在不停地向你提问题。可见将很复杂的资料摆在客户面前的做法是错误的。

正确的方法应该是：先给客户看简单的资料，这样客户就会注意听你讲，而那些复杂的、不太重要的资料，最好让客户带回去看。

要想工作高效，对资料合理的组合和整理是必要的。

公司提供的资料永远是不够的，作为一名称职的销售人员，你应该通过其他途径，搜集更多有用的资料；或者将公司提供的资料拿出来整理、重新组合，然后把所有的资料都装在封套里，准备一些复印件，根据客户的需要，随手就可以抽出来给客户。

我国台湾地区有一个电视导购小姐，她能够在三四分钟之内卖出四五百台笔记本电脑，她又能够在四五十分钟之内卖出几十辆休闲旅行车，她还能够在一年之内卖出三四百颗一克拉的钻戒。凭一张嘴在电视中一年能够卖5000万元人民币的东西，这是很不容易的。她的销售能力为什么这么强？只要看她导购时的言谈举止，就知道她很专业。

一个公司如果能请到几个这样的导购小姐，老板就会很高兴了。

出色的导购小姐是靠容貌和耍嘴皮创造业绩的吗？当然不是。她们是要认真做功课的。每天晚上，她们在家里面读资料，读到不解之处，还得到处搜集资料，为自己答疑解惑。如果导购小姐现在手上拿着一篇有关阿诺德·施瓦辛格的新闻报道，你认为她在干什么？她是在用这个报道来做功课。

你认为她了解施瓦辛格哪些方面？她了解施瓦辛格手上戴的手表正好是她要卖的手表，她了解施瓦辛格吃的营养品正好是她要卖的营养品。这就是做功课。第二天在电视上面做导购，因为有了前期大量的准备工作，就显得轻松自如。尤其推荐起施瓦辛格手上戴的手表和吃的营养品，那真是信心十足、妙语连珠，叫人不得不掏钱购买这些东西。

所以，优秀的销售人员绝对是有自己的资料库的，他们善于搜集和整理资料；而糟糕的销售人员，公司给他们什么资料他们就给客户看什么资料，公司没提供的资料就不给客户看，就算是其他地方有一些相关资料，他们也不会去主动寻找。以这种态度去做销售，怎么可能做好呢？

不会搜集信息、研究信息的员工，连公司提供给他的资料都不会整理，这样的员工根本谈不上专业，也不可能在工作中表现出应有的职业化精神。

先给客户看简单的资料，这样客户就会注意听你讲，而那些复杂的、不太重要的资料，最好让客户带回去看。要学会对资料合理的组合和整理。

打破陈规，勇于创新

常有人取笑日本人，说日本人只会抄袭、模仿。但我想列举几个事实：手机是谁发明的？美国的摩托罗拉公司是最先开始生产手机的，但世界手机销售排行榜上的第一名却是芬兰的诺基亚。电子表又是谁发明的？是瑞士人发明的，但世界上最有名的电子表却是日本的卡西欧。可见，产品到底是谁发明的并不重要，重要的是谁优化了它。我不相信世界上有哪一个国家没抄袭过别国的东西。打个比方，如果甲抄袭乙，乙抄袭丙，丙抄袭丁，丁抄袭戊，戊抄袭己。己虽然会说："你们都是抄袭我的。"但事实往往是：最穷的是己，最有钱的却是甲，这是因为每抄袭一次，产品就会被优化一次。所以，戊优化了己的东西，丁优化了戊的东西，丙优化了丁的东西，乙优化了丙的东西，甲又优化了乙的东西。己以后的人都在不断优化产品，最后甲享受到了最高境界的成果。

所以说，模仿并没有错，重要的是在模仿别人的基础上要有自己的创意。

几年前，汽车行业里面的老大——唐成大哥去世了。他比我要早十几年入行，所以我一直称他"唐老大"。葬礼那天，我们这个行业的朋友差不多都去了。

唐成的葬礼非常温馨：右边是一个司仪，左边是管弦乐队，中间的屏幕上放的是唐老大跟他太太跳探戈的录像（因为唐老大生前很喜欢跳舞），旁边挂着唐老大的彩色遗像。

唐太太穿着一身素服，耳朵上夹了一朵小白花，替客人倒鸡尾酒或香槟酒。在乐团奏出的舒缓音乐的氛围里，大家轻声低语。现场有唐老大生前的著作，有唐老大喜欢的汽车模型，有他们公司挂的汽车海报。葬礼结束的时候，唐老大的家人还送了每人一张 VCD 留作纪念。

为什么一定要把葬礼搞得那么阴森、凄惨呢？很多参加了这个葬礼的人，都认为这个葬礼给人的感觉确实不一般。

相比之下，另外一些地方的葬礼就要凄惨、悲凉得多。有个人的母亲去世了，他哭得昏天黑地、痛不欲生，在场的人也都很难受。但在他母亲生前，他一点儿也不孝顺，比如他母亲一直想去动物园看看，可是跟他说了很多次，最终他还是没有带她去。

在我看来，上面葬礼上的哭有两种含义：第一是自私，想的是母亲走了我怎么办；第二是表演，表演给别人看，让别人知道自己非常孝顺，这其实是一种形式主义。这种葬礼除了让在场的人都很难受之外，没有什么真正的意义。

除了唐老大的葬礼，我还参加过法国、意大利和西班牙等一些国家的葬礼，也没有人哭，因为人总是要去世的，如果在逝者生前把该为其做的都做了，那么在其去世的时候你可以很安心。

所以，我们应该重新思考一下，以后我们办葬礼是不是也应该这样办。照这样换个方式，我们对逝者的哀悼和追思不会减少，去参加葬礼的人不会难受，而生者也不会再对死亡有所畏惧。

创新源于我们的不断思考，这同样需要打破陈规的勇气，如果你总是跟在别人后面亦步亦趋、墨守成规，你肯定成不了最优秀的人，也不会是一个成功的人。

> **执行要点**
>
> 模仿并没有错，重要的是在模仿别人的基础上要有自己的创意。

多与他人探讨交流

孔子曾说："三人行，必有我师焉！"意思是三个人在一起，其中一定有一个是我的老师。"三个臭皮匠，胜过诸葛亮。"所以，多与其他人探讨问题一定是有益处的。

有一次我从中国台湾坐飞机到美国，在飞机上面看一个化妆品，其实是我们公司的样本。在我看时，旁边一个中年妇女侧着头也在看，我就问："你喜欢吗？"她笑一笑。我说："你看一看"。她就拿去看了一下，很快就还给我了。我问："你会买吗？"意思是问她在街上看到了会买吗。她说："不会。"我问："为什么？"她很快就讲出两三个理由，我听后不好意思对她说是我们公司做的。后来她睡着了，我就赶快把笔记本打开，把她讲的那句话写下来，到了美国就打电话回公司说："那个化妆品不要做了，等我回来再说。"一个女人随便看了一下，就说出了两三个连我们设计师都没有想到的问题。还好她讲了两个字"不会"，我们公司的 200 万元就没有浪费。那个化妆品做个模子出来，启动费就需要 200 万元。

为什么案例中的那个女人一句话就点出问题的所在呢？因为大部分时间里我们都是当局者迷。所以，我们要多与人交流、沟通和探讨，尤其是要与不是同行的人交流。说不定他们可以看出的问题，我们自己反而看不出来，这就是旁观者清。

定期优化自己的工作流程

人性的弱点决定了这样的结果：领导不要求，员工就不会有想法。因此，无论是普通员工，还是各层级的管理者，都要不断优化改善自己，提升自己的能力。

作为员工，应该每三个月或者半年对自己的工作做一次优化，也就是做一次改善。每一个部门应该每半年对工作流程提出一次优化和改善的建议，使自己更加专业化。

专业化已经成为当今世界的一种特征。组织机构要实现其未来的职能，将越来越依赖于员工工作技能的专业化。所以，我们要加强自己的职业化技能。

香港机场在全世界都是第一流的。人们认为香港机场很职业化，这是因为香港机场运转非常高效，香港机场不仅设备很先进，最重要的是香港机场的员工做事情都非常专业化。在香港机场很少有这种情况：机场的员工告诉你去找哪个人或部门，你该打什么电话。他们几乎每个人都把自己当做服务窗口，随时随地为旅客提供最优质的服务。对一些喜欢买东西的人来讲，香港机场的每一个店铺都非常漂亮，让人赏心悦目，这就是专业化，也可以说是职业化。

就内地一百多个机场来说，我认为最好的不是北京首都国际机场，也不是广州新白云机场，而是上海机场，我认为上海机场是最专业化的，也是最职业化的。北京是我国的首都，照理来讲，首都国际机场应该是全中国最具专业化的，因为那是国门。广州白云机场是中国最早的国际化机场，现在搬到新白云机场去了，听说新白云机场的规模是全国最大的。北京首都国际机场有机会应该派人到上海学习一下，看看上海机场的行李是怎么拿出来的，我每次到北京首都国际机场取行李都很无奈；看看上海机场的候机楼的登机牌是怎么办理的，就知道其员工的工作很专业。

执行要点

作为员工，应该每三个月或者半年对自己的工作做一次优化，也就是做一次改善。每一个部门应该每半年对工作流程提出一次优化和改善的建议，使自己更加专业化。

③

要有职业化的工作技能

在全国各地，有一些卖雪茄的商店的销售人员自己不抽雪茄。一个自己都不抽雪茄的人，又怎么能把雪茄介绍给别人呢？有的人拿到雪茄，就在耳边不停地转，听声音判断其密度是否均匀。不知道这个方法从何而来，但可以肯定的是，这个方法是没用的，是以讹传讹。判断雪茄密度是否均匀的方法应该是用手去捏。有的人把雪茄拿起来就抽，那就表示他大概是刚刚开始接触雪茄，不知道咬雪茄判断其好坏的方法也是不对的。正确的方法应该是用一个小剪刀把雪茄剪开。有的人抽雪茄就怕雪茄会熄灭，所以一直猛吸，其实雪茄大概三分钟不吸的话都不会熄灭。有的人拿到雪茄就一直用手不断掸灰，其实雪茄的灰会自动掉落，可按照雪茄灰掉落的长度来判断它的烟叶充实得是否均匀。有的雪茄抽到一半想要熄灭以后再抽，有些人会用手把它掐灭，或者把它放在水中，这样的做法对雪茄来说是一种糟蹋。摆在那里雪茄慢慢就会自动熄灭，如果硬把它掐灭，屋子里面会有一些难闻的味道。还有的人抽雪茄不注意，不懂得以雪茄的大小即所谓的宽窄来配合自己的体型，长得瘦小的人抽一根很粗的雪茄，长得高头大马的人抽一根很细的雪茄，这都不太好看。有的以为刚刚出产的雪茄是最好的雪茄，其实不然，出厂以后过了三年的雪茄风味才是最好的。如果雪茄销售人员不会像这样介绍，那么雪茄能卖给谁呢？如果买雪茄的人比卖雪茄的人更懂雪茄，销售人员站在那里不是多余的吗？

客户的产品知识如果超过了销售人员，客户对产品就不会再有兴趣了，因此公司的每一个部门和岗位都应该有专业化的能力与技术要求，这就是职业化的工作技能。

培养职业化的工作习惯

我参观过日本三井工厂，在快下班的时候，厂长说："再过一点时间，我们就要下班了，现在大家做好收工的准备。"于是我就看到，员工开始擦工具，开始关开关，将机器调整到一个适当的位置上，然后全体蹲下去开始收集废料，把废料全部装到垃圾袋里面，接着就拿着小扫帚到处扫。将东西摆在指定的位置，这一点最重要。厂长看差不多干完了就说："各位，今天我们的工作到此为止，谢谢大家一天的辛劳。"全体员工回应说："厂长，您辛苦！"然后就都到后面去了。原来，后面是个更衣室，大家把工作服脱下来，洗澡后换上自己的便服。最后厂长、副厂长就站在工厂的大门口，那一天下着雨，他们就撑着伞，没多久员工就上了巴士，一辆一辆地开出去了，大家都在说："再见！再见！各位再见！"车里面那些人也在不断地挥手。后来厂长回来了，我就对厂长说："这么整齐，这么干净啊！"他说："嗯！"我说："不容易啊，我发现你们每个人都把工具摆在指定的位置，都摆得完全一样。"他做了一个总结说："我们要做一个最坏的打算，这些回去的人里面万一明天有一个或两个不来，不管是生病还是有事，哪怕是出了意外，我们中任何一个人站在他的台上都要能找出任何一个工具。我们工厂可以做到全部灯光都关掉，说拿什么东西就一定摸得到，这是我们的要求。"

这就是职业化的工作习惯。日本企业非常注重这种职业化的工作习惯。为此，日本企业独创了一种管理方法，即"5S"管理。所谓"5S"管理，就是指整理（Seiri）、整顿（Seiton）、清扫（Seiso）、清洁（Setketsu）、素养（Shitsuke）五个管理项目，日语中这五个词的罗马音都以"S"开头。"5S"管理通过规范现场，营造井然有序的工作环境，培养员工良好的工作习惯，其最终目的是提升员工的个人品质，加强企业的执行力。

赢得客户的信任

客户为什么在面对商家时总是感到没有安全感？换句话说，客户为什么害怕？因为商家总是喜欢掩盖问题的真相。

肯德基发生过有关食品中添加苏丹红的事件，但是肯德基很快就公布了这个事件的真相：肯德基为什么把苏丹红添加在食品中，苏丹红是在哪里采购的，采购苏丹红的程序是什么……肯德基对此都做了令人信服的交代，所以这个危机不久就过去了。现在肯德基餐厅还是每天都挤满了顾客，这就是没有掩饰问题的真相所带来的良好局面。有的公司则不然，出现问题后总是千方百计掩盖事实的真相，越是这样，客户就越不相信，从此公司形象受到了破坏。

客户为什么对商家没有安全感的另外一个原因就是商家夸张宣传。某些房地产广告宣传得实在离谱，说十分钟可以从楼盘到火车站，可实际上客户怎么开车都比这个时间长，后来才知道必须走直线（事实上不存在这条路），而且是开消防车的速度才能到达。说楼盘的对面是一座十万平方米的国家公园，等购房人买了房后，却听说那儿以后要建成一个加工厂，这则广告简直是在欺骗购房人。一些房地产开发商最擅长讲这样夸张的话，弄得客户最后都完全不相信广告了。久而久之，这种广告除了增加商家成本外，没有任何作用。

最令人气愤的是，大部分销售商将商品卖出去后就对商品和客户漠不关心了。客户如果买的是长期使用的商品，他们最担心的就是商家事后的冷漠。

武汉长江边有一个沿江大道，那里有一栋老房子，几年前收到一封信，是英国一个房产公司寄过来的。信中说，房子是他们70年前盖的，现在需要检修。如果房主同意，他们愿意派人坐飞机过来，免费进行检修。

这个案例给我很大的触动。我自己也买过房子，也住过几处别墅，我发现只要是买了房子三年以后，就再也找不到卖给我房子的开发商了。

做销售千万不能流于形式，而要去影响客户的潜意识，满足客户的安全感。让客户的安全感去告诉客户应该要购买这个商品，让客户知道从眼前的这个销售人员手中购买商品很安全，因为销售人员很诚恳、很专业、很负责，向其购买商品可以得到超值的服务。

在客户至上的营销时代，你有什么方法让客户相信你，售后还能找得到你，而你仍会对商品负责，这是赢得市场的关键。

赢得客户信任，不能只停留在口头上，更重要的是体现在行动上。要知道，客户的信任度可以提升产品和服务的形象，提高客户关注率，保障企业利润最大化和长久化。

> 友邦保险公司在中国已经有百年的历史了。解放战争时，友邦保险公司离开了中国。
>
> 现在它又回来了，它常常强调自己与中国的渊源。它说："各位中国同胞，解放战争时，我们离开了贵国，现在重新回到这里，那么新中国成立前的客户所保的保单仍然有效。"

解放战争前投保友邦的，没有去世的还有哪些？没有去世而保单还没丢的又有几个？所以这样的话友邦可以大胆地讲，但是这句话带来的效果很明显：不论时间多久，我们仍然要对客户负责，这样友邦就增加了很多投保客户。

赢得客户的信任，就如同给客户吃了一颗定心丸，使客户买着放心、用着舒心，从而增强企业信誉，提高企业知名度，促进产品的销售。

若想赢得客户的信任，建立长久的业务联系，还需要更强的责任心，即要对客户负责。

对客户负责，首先要带给客户良好的购物体验，这样就能使这些客户成为忠实用户，以后经常购买我们的产品。

我们公司有 15 个事业部。尽管业务员可能会调走或离职，但因为客户喜欢看到那个当初把产品卖给自己的人，所以公司规定业务员的名字全部要记录下来。

有一次，我们将一个柜子卖给一位客户，那是从欧洲芬兰进口的，结果半年以后发现柜子里有白蚁。客户要求我们赔偿，或至少再给他换一个柜子。

调出当初卖给顾客柜子的业务员的资料，结果发现那个业务员已经不干了，到另外一家公司去了。店长马上就找到这位业务员，亲自用出租车把她从另外的公司接到我们这里来，还给了一些补助，然后要她去面对客户，让客户知道，我们现在来处理问题。首先要弄清楚柜子里的白蚁是台湾地区的还是欧洲的，如果是台湾地区的白蚁，我们就让客户补些钱换一个柜子；如果是欧洲的白蚁，我们便免费给客户换一个柜子，并把客户家里的白蚁处理干净。后来查出来是台湾地区的白蚁，我们公司为客户介绍了除白蚁的专家，把客户家的白蚁全部清除了，当然客户要为此支付费用。为了让客户体验到购物的愉快，我们建议客户补一些钱，可以为客户换一个新柜子。客户欣然同意了。

后来，该客户的儿女结婚办喜事，也都来买我们公司的家具。我想以后他们所需要的婴儿床也会买我们的。

只要我们负起责任，出现白蚁也不可怕，它甚至还会为我们带来很多生意。

其实，工作就意味着责任。在这个世界上，没有无须承担责任的工作，你的职位越高、权力越大，你肩负的责任就越重。我们经常可以发现许多人为自己的过失寻找种种借口，以为这样就可以逃脱惩罚。正确的做法是：承认过失，并为过失而道歉。更重要的是，要让人们看到你如何承担责任，如何从错误中吸取教训。这种对待工作的态度，会让你赢得客户的信任。

执行要点

与客户建立长久的业务联系，需要更强的责任心，要带给客户良好的购物体验。

把自己当做公司的"窗口"

公司里的每一个员工都应该把自己当做公司的"窗口"，时刻意识到自己的言行代表的都是公司的形象。当客户有问题找到你的时候，不管这是不是你工作职责范围内的事，你都要主动帮助客户解决问题。当客户找你要某个东西的时候，你千万不要说"不知道"，也不要说我们公司没有这个东西。在客户找到你的时候，即使不在你的工作权限之内，你也要与公司其他的部门衔接。当你卖一部汽车，当你卖一款化妆品，当你带一个团体出去旅游，当你作为一个医生为病人看病的时候，你都要把自己当做公司的一个"窗口"。这个产品怎么修、怎么保养、怎么送货，你去安排，而不是客户一天到晚给你们公司的每个部门打电话。你要帮助客户一口气给安排好，而不是客户去找你们公司。这就是"窗口"的概念。

有一次我带朋友去吃饭，我点了一道剁椒鱼头。服务员马上就说，他们不做川菜，他们也没有剁椒鱼头。其实我知道，我当初吃的时候是在这个饭店的隔壁，可是隔壁的饭店不是很高雅，因为我的台湾朋友来了，所以我就把他带到这个餐厅吃饭，但服务员却回答没有这道菜。我说隔壁有卖的，意思是叫她到隔壁帮我买一份，但她却不情愿，我也就没和她说什么，对旁边的朋友说："他们没有剁椒鱼头，我们今天就不要吃了。""哎！老余，我们今天就是来吃剁椒鱼头的！"我说："起立！到隔壁。"那个服务员就把桌子上的菜单一收，我和五个朋友就到隔壁吃饭去了。

我们公司有个家具店，有一次一个客户来买床，那个床很贵，大约十万元人民币，可惜我们公司没有一个很好的床头柜可以匹配得上这个床。于是，他就对我们的店长说："你们能够帮我配一个床头柜吗？你们公司的我看了，都不好。"我们店长说："没问题，我帮你找一下，你有空来看。"店长在一天之内就调到了三个床头柜，然后请那个客户过来看一下。那三个床头柜都不是我们公司的，但是在高雄这个地方总是找得到的，若找不到的话我们可以从嘉义或从台南调过来，必要时还可以从台北调过来，我怕的就是他不要。结果客户从三个床头柜里面挑了一个，这个生意就做成了。

其实，我们公司的家具店所销售的家具和床上用品，甚至于肥皂盒、灯具，有1/3都不是我们公司的。我告诉员工，我们不是家具行，我们是生活中心，客户想到的事情，我们就要想办法满足他们。以后不要对客户说我们没有，不要说这个东西我不知道，不要说你去找谁，不要说这个事情不归我管，这些都违背了"窗口"意识。

所以，每一个员工都要把自己当做"窗口"，只要客户一开口，你就要解决一切问题，一个人有能力把本来没有的机会变成自己的机会，把不是自己的产品变成自己的产品，这才叫做真正的职业化。

第七章
形成团队执行合力

　　每个人都想待在一个大公司里，但你是否在公司的发展建设中贡献了自己的力量？只有你时刻把"这是我们的公司"放在心里，你所做的一切才有方向感和使命感，你的执行力才会发挥出最大的效力。

企业发展除了需要资金、技术、人才外，更需要企业的支撑点，这个支撑点就是具有高效组织执行力的团队。想要打造具有高效组织执行力的团队，就要努力营造一种"团队协作"的整体氛围。这就需要团队的每个成员都要增强大局观念和整体意识，不要强调"以自我为中心"，而应该强调"整体利益优先"。当发生矛盾时，应该"求大同存小异"，多找共同点。同时要明确分工合作，共同承担风险和责任，从而形成拥有强大执行力的团队。

① 把公司当做自己的公司

迈克尔·阿伯拉肖夫于 1997 年接管士气低落的"本福尔德号"驱逐舰。他上任之后，采取了种种办法，带领这艘驱逐舰创造了骄人的成绩，成为美国公认的海军典范。

曾有人问过他："迈克尔，你为什么能这么厉害，能把这艘舰带成第一名？"迈克尔说："没有什么特别的，我只是让我的全体官兵记住一句话——'这是你的船'，就是这样。"

这个故事说明了什么？"这是你的船"又说明了什么？其实，故事本身并没有什么特别高深的道理，迈克尔只是让我们明白了一点，他之所以能打造出一个高绩效的团队，最关键的原因就是他能让全体船员都本着"自主"的精神，以船为家，以海军的发展作为自己的努力方向，因此他能带领军舰走出低谷、走向辉煌。

执行力的前提是自主性，员工只有具备主人翁精神，把公司当做自己的公司，才会全力以赴地投入、不折不扣地执行。

每个人都想待在一个大公司里，但你是否在公司的发展建设中贡献了自己的力量？只有你时刻把"这是我们的公司"放在心里，你所做的一切才有方向感和使命感，你的执行力才会发挥出最大的效力。

主动"找事"做

"自主性"对于团队建设是非常重要的。员工能否主动说出"这是我的公司"，是判断一个公司是否具有团队凝聚力的标准。在一个团队里，如果其中的员工说"这是我的公司"，那这个公司就是一个团队；如果其中的员工并不这么说，那就说明这个公司的工作团队有问题。比如，某个公司的工作人员这样回答："这怎么可能是我的公司？这是他们的公司，我只是来打工的。"如果公司的员工都不认为公司是自己的，这样的公司怎么可能比得过其他拥有强大团队的公司呢？在激烈的市场竞争下，这样的公司很难生存。

有一次，我乘坐东方航空公司的飞机。吃完点心以后，我没什么事情，就和乘务员聊了一下。后来，乘务员听说我在日本航空公司做过高管，她就跟我进行了下面一番对话。

她说："我们公司也招来了日本空姐当乘务员。"

　　我问："哦，哪里来的？"

　　她回答："在日本招聘的，还有些是韩国的。"

　　我又问："她们和你们有什么不一样吗？"

　　我在日本航空公司干了十多年，在自己祖国的天空上也飞了18年。我想听听我们的乘务员怎么说。

　　她说："日本和韩国的乘务员，在我们的飞机上很少慢悠悠地走路，都是小跑着。"

　　她还说："先生，以后如果你看到拿小毛巾或倒橙汁时一路小跑的乘务员，那大概就是日本或韩国的。"

　　后来她又说："飞机起飞以后，日本和韩国的乘务员会不停地找事情做，忙进忙出，一直忙到飞机降落时。"

　　从上面的案例中我们可以看出，日本、韩国的乘务员与我国乘务员的对比很明显，我国的乘务员已经很真切地感受到了她们之间的不同。

　　其实，中国本土并不是没有优秀的乘务员，那为什么我们还要到日本、韩国去招聘乘务员呢？我认为，原因主要有两个：第一，航空公司希望日、韩籍的乘务员能够运用娴熟的语言及提供更为贴心的服务，照顾好飞机上的日本和韩国客人；第二，也是最重要的，就是航空公司希望利用日本、韩国乘务员的服务态度来启发和影响自己本土员工的做事态度。这是一个很重要的方面，实际上也起到了这个作用。

　　日本、韩国的乘务员显得比中国乘务员更加忙碌，工作的自主性更高，这体现了日本人和韩国人整体的执行力比中国人要高，这也是日本与韩国经济发达的一个重要因素。

在香港的餐厅里，我们可以看到服务员都是忙来忙去的，基本上看不到有人闲在一边无所适从，更不会有人无聊得发呆。

再到中国内地的一些餐厅去看看，我们似乎总能看到有服务员悠闲地站在一边，一个人发呆或者几个人闲聊。

难道他们没有事情可以做吗？还是因为员工工资太便宜了，老板觉得多请几个人站在那里发呆也无所谓？或者他们本来的工作态度就是：老板不说，自己就感觉不到有什么事情需要做。

看到这两个截然相反的场景，我们就能明白为什么香港地区的餐饮业做得那么好，在国际上享有盛誉，而内地的一些餐饮企业却屡屡遭人诟病了。

不懂得主动"找事"去做的员工，不具备较强的执行力，肯定也很难得到重用与提拔。

执行要点

要想提高执行力，就要主动"找事"去做，要眼里有活儿。

主动关心客户和同事

执行力强的员工懂得主动关心客户与同事，这是自动自发的表现，这样的员工才会及时补位。

有一次，我去上海市闸北区的一家世界 500 强的大公司，该公司的副总约了我。

我身穿西装、手拎公文包进入了那家公司。当时，前台处坐了两位年轻漂亮的小姐。但是我进去以后，这两个小姐看了看我，一句话也没说。我也没有跟她们说话。

后来，我便决定不上去了，坐在前厅的沙发上。没多久，我的手机就响了："老余啊，你是不是还没到？路上车很堵是不是？"约我来的副总打来电话。

"我已经到了。"

"到了？在哪里？"

"我在楼下，正坐在你们的前厅里。"

"啊？那你为什么不上来？"

我告诉他我不想上去，让他先下来一趟。

副总下来以后，我对他说："你们公司可是世界500强之一，大公司应该有大公司的样子。可是我到了以后，你们的两位前台小姐看了看我，一句话都不说，我也懒得说。所以，我就坐到这个沙发上，看看什么时候能有机会被请上去。"

我还开玩笑地补充了一句："你不下来，我今天就不上去了。我打算坐到中午，看看你们的前台小姐会怎么说、怎么做。"

由此可见，那家大公司在主动关心客户方面做得很不够。

再说说我在日本和韩国时遇到的情况吧。我每进到一个公司，马上就会有人上来打招呼，不管这个人是不是前台工作人员。跟他们相比，国内的公司大多在这方面做得很不够。很多公司的员工会像案例中的那两位小姐一样，对公司的客人漠不关心。如果前台人员不在，公司的员工顶多是去喊前台人员，提醒有客人来公司了，几乎没有人会主动把客人带到会客室，更别提给来访的客人泡杯茶或者倒杯水了。说到这儿，相信大多数人可能还会为自己辩解："我又不是前台的服务小姐，接待客人不是我的工作，而且进来的客人也不是找我的。"如果一个员工能真正把公司当成自己的，他就已经做到了以公司为家、把公司的事业当成自己的事业、把公司的发展作为自己的发展，这样的员工就会随时都表现出主人翁的姿态，不会对来访的客人漠不关心。

养成说"我们"的习惯

每个公司都有很多部门，一些大的公司甚至还有很多分部、分公司。在谈到自己公司的其他部门或其他分公司的时候，我们常常讲"你们"或"他们"。其实不能讲"你们"，也不能讲"他们"。因为讲多了，就会在各部门之间造成疏离感，严重的会破坏团结。

我在当经理的时候负责汽车部，有一天我对总经理讲了一句话，我说："他们台南保养厂。"没有想到我们总经理这样问了我一句话："谁是他们啊？"我居然没有注意到，又同样说了一次。总经理马上就问："谁是他们？"我只好承认错误。总经理说："余经理，讲话小心一点！身为公司的高级干部，犯这种错误？'他们'，'他们'，你是谁啊？莫名其妙！是'我们'台南保养厂。"我觉得总经理说得非常有道理，从那以后，在一个组织系统内，我没再说过"他们"。因为我知道，一个公司只有一个代名词——我们。

有一次，天津奥的斯电梯的总经理请我吃饭，席间他问我："听说你在日本公司工作了十几年，在美国和英国受过教育，那你一定很懂日本和美国，我想请教一下我们到底和他们有什么不同啊？"我说："本来我这话是不想讲的，既然你问到这个问题，我就实话实说吧！从你们大门进去，有一个长长的过道，两边都是树林和厂房，那上面你们的 LOGO 很大，但是 OTIS 中的那个 O 不见了。那个 O 有人的六个头那么大，那么大一个O不见了，你真的没有看到？你们公司一天进出七八百人，都没有看到？我一下就看到了。以我对你们的了解，那个O至少缺一个月了。这就是你们跟日本三菱电梯最大的不同。"我接着说，"我不但知道你们有个强大的竞争对手叫日本三菱电梯，我还知道上海的凯悦金贸，那个86层的大楼标的你们没有拿到，被日本三菱电梯抢去了。"

他说："那你看应该怎么办呢？"我说："这个就叫做团队精神！他们为什么没有注意到O不见了呢？他们为什么没有把O安上去？包括你自己在内，你们公司只要有一个人说：'啊呀！我们的O不见了。'那个O就会安上去。可见你们的团队精神是不够的。多培养一下你们内部的团队精神吧！不要一天到晚在外面跟日本三菱电梯、富士达去较劲，把自己的团队精神先建立起来。就凭这么个小事我就看得出来，你们的团队精神其实是不强的。这就是你们与人家最大的不同。因为日本三菱电梯一坏，叫人修的时候，修理工先说对不起，然后跳下去修。你们的人一去就抱怨说，是哪个该死的装的？这是哪个该死的卖的电梯啊？"

在客户面前是绝对不能讲"他们"、"你们"，而一定要说"我们"。这句话要养成习惯，一直这样讲。只有团队中的每个成员都这样讲话，这个团队才有执行力，才有竞争力。

我在日本成田机场受训的时候碰到这样一件事情：下课的时候，我买了一盒豆腐，回去一吃是坏的，我就把它丢掉了。第二天我又从那个小操场上走过去，路过那家店的时候，我就对售货小姐说："我昨天在这里买了一盒豆腐，坏的!"她马上说："你有没有带来?"我说："那种东西不值钱我丢掉了! 你放心，我不是来找你要钱的。"那个小姐说："先生，这是大事，你等一下。"她跑上楼去，没有多久和一个男的下来了。那个男的下来时一手拿个塑料袋，另一手拿了张钞票，他说："先生，这里面还有 5 盒，保证都是新鲜的。这个钱是你的，我们退给你。我们店里面卖出去这样的豆腐是我们的羞耻。不过，先生，我们已经通知了供应商，下个星期开会。如果下个星期一你还在我们这附近，请你来找我，我会告诉你开会的结果。"

听他讲话，从头到尾用的是"我们"。这是一个时刻以团队精神为荣的商店，当团队里卖出了不好的豆腐，无论是哪个环节出问题了，都是整个团队的耻辱。以后只要在成田机场受训，我都去那家商店买东西。不过从那以后再也没有吃到坏的了，也就没有机会获得免费的了。

这就是一种态度：时刻记住"我们"；出现问题，先承认自己是错的，把问题解决了，然后再回来检讨自己，检查哪个环节出现了问题。

面对客户，你就代表整个团队，无论哪个环节、哪个人出错了，都是整个团队的事情。所以，在客户面前永远不要说是"他们"的事，客户找到你，你就要代表公司来解决这个问题。

执行要点

要学会说"我们"，要有整体的概念。无论出现任何问题，都要先承认是自己的错。

② 树立团队意识，学会与人合作

员工不但要自主地做事，而且要善于与周围的人合作，合作性非常重要。日本人和美国人的合作性非常强。有人形容过中国人，"单个人都像一条龙，而合在一起却像一条虫"，这样说也许过于尖刻，但这就是我们的弱点，所以在工作中一定要控制自己的个人主义，善于与人合作。

树立内部客户服务意识

随着社会分工的细化，每个组织机构中都会分出若干部门，如果部门之间缺乏配合协作，没有团队作战精神，工作中相互推诿，必将造成工作效率的低下和资源的浪费。比如在我们的城市建设过程中，就是因为各部门之间缺乏沟通和协作，重复施工的现象特别严重。经常看到的是，今天自来水有问题，就挖开管道，自来水修好以后就把土埋起来；明天电路出现了问题，再挖开，修好以后把土埋起来；后天天然气出故障了，还是挖开再埋上；然后电话不通了……今天挖明天挖，永远都是这样翻来覆去地挖。如果部门之间加强协作，一次性统一处理问题，就不会看着城市街道像拉链似的拉来拉去，不但造成环境的污染，而且造成社会资源的严重浪费。

日本的东京却不是这样的。

有一次，我到日本东京出差，住在成田机场附近，晚饭后去散步，发现在马路上有很多穿不同颜色制服的人站在那里，一看就是来自不同单位的：穿白色的代表自来水，穿灰色的代表电力，穿橘色的代表天然气，穿蓝色的代表光纤……在一个总指挥做完简报后，大家就开始挖马路。马路挖开后，这几个单位的人员就跳下去，检查各自负责的部分，都弄好后，各路人员全部上来，再把马路铺平。第二天早上人们感觉那里像什么事情都没发生过似的。

同样，在企业中，有很多任务或事情，都不是一个部门能完成的，更不是一个人能完成的，通常都是将一个任务分解成几个项目，分派给几个部门共同完成。如果公司部门之间缺乏必要的协调与合作，互相推诿和扯皮，或者部门之间经常互相攻击，比如人力资源部的不买会计部的账，会计部不理会物料部，物料部不听生产部的，生产部就更不理计划部……那么就不利于部门之间的协同合作，继而会影响到整个公司的效率。

因此，建立流畅的内部客户服务关系很重要，这就需要每个部门、每个员工都有团队协作的意识，在北方航空的子公司天鹅航空，就提出过一个"内部服务承诺"。

天鹅航空公司有两种客户，一种是外部客户，另一种是内部客户。内部客户就是指在公司内部有很多部门，部门和部门之间也是客户关系或者供需关系，比如物料部是生产部的供应商，生产部是物料部的客户，这就是内部服务。要想为外部客户提供好的产品和服务，必须先做好内部服务，理顺内部的工作流程，做好内部的沟通和协调，这种观念就叫做"内部服务承诺"。

天鹅航空是怎样做好内部服务的呢？当天鹅航空的乘务员或机师从天上降落到地面，公司用商务车送他们回家的时候，一定要等到他们的家人出来亲眼看到他们之后，司机才会把车子开走，目的是让他们的家人放心。当天鹅航空的乘务人员需要报销费用时，他们不用亲自到公司去办理手续，天鹅航空的会计人员会一手拎着凭证，一手拎着现金，到机场为那里的乘务人员办理报销手续。天鹅航空的空姐或机上的其他服务人员，在机上替客户服务时，自己的家人如果生病需要救助，天鹅航空就会派专人到他们家里，亲自把他们的家属送到医院。

正是这种内部客户服务意识，使天鹅航空公司的员工在公司里都有一种归属感，整个团队有一股凝聚力。

执 行 要 点

建立流畅的内部客户服务关系很重要，这就需要每个部门、每个员工都有团队协作的意识，把其他部门、其他人当做客户对待。

真正的团队只发出一个声音、执行一个战略

在现代社会中，一些员工的最大问题恰恰是不能顾全大局。他们把自己的个人利益看得非常重要，却看不到整个公司的困境；他们每天只想着单枪匹马、独领风骚，在工作中出尽风头，却从未想过共同进步、集体协作。这样的人，受不了委屈，控制不住情绪，往往为了自己的一时之快而损害了团队的利益。正是这种狭隘的个人主义，使企业缺乏强有力的执行力，从而加速企业的衰落直至倒闭。

有一次，我在公司开会时批评了手下的一个副厂长。第二天，这名副厂长突然向我提出辞职。我经过慎重考虑后，郑重地在辞职书上签了字。可是这个副厂长后悔了，他闹到董事长办公室，说是在开玩笑，要收回辞职书。我坚持不同意他收回，并向公司提出如下意见：

这名副厂长工作十分优秀，可就是不能委曲求全，受了点小委屈就闹着要辞职，不能顾全大局。

最具团队精神的人，就是有原则又肯协作的人，他们能说出自己的想法和意见，但是遇到需要顾全大局的时候，他们又能放下自己的想法，服从大局，这才是真正的团队协作精神。具有这种精神的人是最值得我们敬佩的，也是我最欣赏的。

2004 年年底，联想集团和美国 IBM 公司在北京宣布，联想以 12.5 亿美元收购 IBM 的个人电脑事业部，收购的业务为 IBM 全球的台式电脑和笔记本电脑的全部业务，包括研发、采购、生产和销售。

原联想集团总裁杨元庆成为新的联想集团董事会主席，而 CEO 则由原 IBM 高级副总裁兼 IBM 个人系统总部总经理的史蒂夫·沃德担任。

这是一个中西合璧的管理层。杨元庆是中国人，他的背后是中国的文化、中国的家庭教育背景、中国的社会人际关系和中国的做事方法；史蒂夫·沃德是美国人，他的行事方式代表的是美国的文化、美国的原则和美国的方法。如果他们两个合作得很好，那么联想就可以进入世界 PC 业前三名；如果他们两个不合作，闹矛盾，那么联想不但进不了前三名，说不定还会跌到第五名、第六名。不过，在接下来的一年里，联想做得很出色，这说明杨元庆和史蒂夫合作得非常愉快。

虽然他们一直合作得很好，但是一年以后，杨元庆发现，史蒂夫是一个守业有余、创业不足的人，要他"开疆辟土"可能就有些困难了。而联想要面对的是戴尔、惠普及其他的电脑公司，只能守业，是不足以担当起引领联想继续前进的重任的。

"应该换掉史蒂夫。"杨元庆当初提出了这样一个建议。如果美国 IBM

不同意的话，那么就会有冲突。但是美国 IBM 没有表示不同意，而且换掉了史蒂夫。2006 年，比尔·阿梅里奥来到联想，成了联想的新任 CEO。

比尔·阿梅里奥一到联想，就提出两个建议。第一个建议是，联想是一个跨国大公司，不应该只有一个领导中心，不能什么事情都集中到北京决策，这会影响效率，联想同意了这个建议。所以，现在的联想是两个指挥中心，管理学上称之为"双核理论"，就像一个鸡蛋有两个蛋黄一样。联想的"双核"一个在北京，另一个在美国的北卡罗来纳州。第二个建议是，比尔·阿梅里奥认为，电脑做好了再拿出去卖，这种做法并不正确，电脑应该是先做一半，然后把另外一半放在终端市场，针对某个地方的具体需求再去组装，最终完成全部组装。这个建议联想也采纳了。联想电脑现在是一半在总部制造，另一半在终端市场组装。

从把史蒂夫·沃德换成比尔·阿梅里奥，再到比尔·阿梅里奥上任后提出的意见均被采纳，这都说明了联想和 IBM 是非常有大局意识、善于协作的团队，都能在必要的时候顾全大局。

关于联想，我要提到的另外一点是，它不但愿意接纳不同的意见，也愿意接纳不同的族群。联想集团的高级副总裁兼首席营销官爱德文尼就是印度裔的美国人，有采访表明，他和中国同事相处得非常融洽，他们之间建立了很强的信任关系。正是因为联想是一个很好的团队，大家都可以为了这个团队而共同协作，所以现在联想发展得越来越好。

联想的事例，说明一个强大的团队应该是在团队中每个人都有自己想法的前提下，每个人都可以为了大局，只发出一个声音、得出一个结果、执行一个战略，这才是真正的团队执行力。

执行要点

要培养团队精神，有原则又肯协作，能说出自己的想法和意见，但是遇到需要顾全大局的时候，又能放下自己的想法，服从大局。

③

团队思考性——持久执行的保障

在企业中经常见到这样的现象：领导开动脑筋、领导下达命令、领导作出决策，员工都按照领导的指令做事。总是领导在思考问题，员工的惰性却越来越大，遇到问题的时候不愿意思考，而是更多地依赖领导作决定。这种现象非常值得我们警惕。

而执行力强的员工会不断思考是否有更好的办法，不断提出流程改善建议。

对习惯性的工作提出不同见解

人是一种习惯性动物，一旦习惯了就再也不改了。再也不改，就意味着再也没有什么新的创意了。根据我的经验，为了产生更多的创意，我们需要在工作和生活中，不断刺激自己思考，从而打破陈规，不断创新。

听说人脑不经过刺激是什么都想不出来的。我曾经亲自做过试验。在我的大女儿睡觉时，我把一个香水瓶盖打开，悄悄地移到她鼻子附近。第二天她就对我说："爸，我昨天晚上做了一个好奇怪的梦。"

这就证明，不同的味觉、触觉、嗅觉、听觉或视觉，能刺激一个人的脑部，使人产生不同的想法。所以，当我们做事情的方式、方法总是一成不变的时候，就不要抱怨自己缺乏创意。一旦习惯了某件事情，受制约久了，人就再也没有什么创意了。

每个人都有两只手，如果你把两只手交叉握起来，是左手还是右手的大拇指在上面呢？不管是哪只手的大拇指在上面，这个习惯一旦养成了，你一辈子都会是这个习惯，不会再有第二种了。左手拇指在上面的人，永远都是左边的在上；右手拇指在上面的人，永远都是右边的在上面。据说这个习惯是在幼儿的时候养成的，那个时候双手的一握，就决定了你一生的习惯，再也不会改变了。

想一想，洗完澡后，你是怎么拧毛巾的呢？是左手在前、右手在后，还是右手在前、左手在后？这个习惯据说是小学二三年级的时候养成的。第一次拧毛巾到最后一次拧毛巾，不管是哪只手在前、哪只手在后，一辈子都会是同一种拧法。

从生活上来讲，我给大家一些建议：以后不要总吃同样的盒饭，不要总喝同样的饮料，不要每天晚上看同样的频道和电视节目，不要总到同一家电影院看电影，不要总是跟一些固定的朋友交往，不要总是看某一个人的小说，不要总穿同样颜色的衣服，不要在家里总是摆同一种花，不要每天晚上洗澡总是从同一个地方开始，甚至于你要有意识地常用你的左手代替你习惯用的右手……这样，你的大脑就能够被刺激了，你的脑子经常会有不同的想法，对一些习惯性的工作会提出不同见解，有利于纠正工作中不易觉察的错误。

经常思考，主动改善

许多企业中都存在这样一个普遍现象，即员工完全听领导的指挥做事。这就是一个没有思考性的团队。一个公司的点子、方法，有多少是从上而下，又有多少是从下而上？按照国际上习惯性的讲法，如果70%的意见是从上而下的，这就不是团队，至多是个群体；如果70%的意见是从下而上的，这才是一个团队。

作为企业里的员工，我们要经常思考自己会不会发现问题，会不会针对问题寻求对策，会不会对自己的工作定期提出流程改善建议，会不会把客户可能遇到的问题提前解决。只有想到这些，才会认真去改善。

酒店都希望客人能够协助酒店共同维护好环境，于是酒店大都希望客人住宿的时候不要换毛巾、不要换浴巾、不要换枕套、不要换床单和被单……能不换的尽量不换。下面来看看几种不同的做法。

　　第一种做法是将一个小卡片摆在床头柜上面，卡片上写着："如果您觉得暂时不需要更换毛巾或浴巾，请您在使用后将毛巾或浴巾放回挂架。"

　　这里面就存在几个问题：

　　首先，将用过的毛巾或浴巾放到哪个挂架上？因为原来的挂架上摆放的都是一些干净的毛巾，除此之外又没有别的挂架，那是否就将用过的毛巾或浴巾与干净的放在一起呢？

　　其次，客人能把毛巾折叠得那么小吗？因为一般客人没有那么仔细，从中间抽出一条毛巾再挂回去的时候，可能没办法折得像原来的那么窄，也就无法像以前那样摆放得那么整齐。

　　最后，如果放回去的毛巾或浴巾与原来折得一模一样，那么怎么能明显地区分出来哪个是脏的、哪个是干净的呢？

　　第二种做法是将一个小卡片摆在床头柜上面，卡片上写着："如果您觉得暂时不需要更换床单，请在早上的时候把这个卡片摆在枕头上。"

　　一般情况下，客人住酒店的时候，往往很少会注意床头柜上面有一张卡片，或者虽然看到了但没有仔细阅读的习惯，然后第二天一大早就出去了。客人可能本来是不想更换床单的，可是由于疏忽，没有注意到床头柜上的卡片，但客观的结果就是酒店会误认为客人是要更换床单的，所以这种做法也是不太科学的。

　　第三种做法是将一个小卡片摆在床头柜上面，卡片上写着："如果您觉得需要更换床单，请在早上的时候把这个卡片摆在枕头上。"

这种方法与第二种方法刚好相反，摆在床头柜上就是不换，摆在枕头上才换，按照一般客户的习惯，很多床单就不用换了。

第四种做法是说明酒店规定，每两天更换一次床单，如果你要随时更换，就请拨分机电话号码，否则默认的情况就是两天更换一次床单。

第五种做法是酒店在结账时，对节约行为给予一定的优惠。结账时账单一般都是用加法，上面写着房租多少钱，打电话多少钱，房内用餐多少钱，洗衣服多少钱，服务费多少钱……

那么是否也可以来个减法呢？比如，如果客人住了三个晚上都没有更换任何床单、被单、枕头套、浴巾或者毛巾，那么我们就把节省的洗衣费返还给客人。

在上面所讲的几种做法中，你会感觉到一个比一个想得周到。这就是思考的结果。

企业或者团队成员，应该在平时的日常生活中，养成经常思考的习惯，学会提出自己的想法和建议，学会自己去分析和解决问题，从而推动团队提高效率和增强团队执行力。

执行要点

员工不能完全听领导的指挥做事，要经常发现问题，针对问题寻求对策，对自己的工作定期提出流程改善建议，把客户可能遇到的问题提前解决。

以客户价值为中心，不断改进

无论是一个团队，还是一个员工，其最高价值体现，都来自客户的满意度。如果用心去思考客户的需求，用心去解决客户的问题，真正以客户价值为中心，那么这个团队或员工的价值也就体现出来了。

近几年，中国移动的业务做得很不错。绝大多数人应该都看过它的广告，广告图片里面有两个字：我能！

在我们面对以下这些事情的时候：

上班时，到了公司才发现自己的手机忘在家里了；

停车场在地下三层，但是到了地下，发现想打手机却打不通；

过年过节时，大家都想打电话，这时却发现手机都占线，打不通；

……

没关系，中国移动可以帮助我们一一解决：

中国移动能够帮用户把手机链接到他们办公室的电话上；

中国移动的信号可以覆盖到地下；

中国移动可以用宽带帮你解决；

……

中国移动的广告所传达的意思，就是它会用心去解决客户的问题。正是因为中国移动的用心，现在它的业务才能做得如此庞大，才能拥有全球第一的网络和客户规模，并连续 7 年被美国《财富》杂志评为世界 500 强之一。

在上海机场，小宋乘坐的飞机就要起飞了，在关闭舱门以前，小宋给他的太太打了一个电话。

当时，在电话的那一头，他太太说："老公，我肚子好痛！"小宋的太太快要分娩了。

这是他的第一个孩子。小宋很紧张，就跟乘务员说："小姐，我太太要生了。"

乘务员本来可以安慰他，但却只是冷漠地对小宋说："先生，舱门马上就关闭了，飞机就要起飞，请关闭您的手机。"

案例中的小宋是从上海飞往乌鲁木齐的，要飞五个小时。在这五个小时里，小宋的心里肯定很难受，一定会在飞机上坐立不安。

作为乘务员，如果能够用心替乘客着想，那么就可以安慰小宋不要着急，有医生在，他太太一定不会有事，乘务员还可以告诉小宋，起飞后，机组人员会跟地勤人员联系，让地勤人员给他的太太打个电话。作为航空公司，如果飞机上能装个卫星电话供乘客使用，哪怕只是替乘客和地面上的人传个话，价格就算比较贵，只要能和地面保持联系，相信乘客是愿意的。

真正的执行力要以客户价值为中心，不断思考客户的需求，不断改进服务方式，让客户满意。

我们再来看看台湾地区的航空服务。在台湾的航班上，乘客可以发E-mail，可以上网聊天，还可以买卖股票。

不管什么事情，只要你用心去想解决的方法或改善的途径，就一定可以想得到。

小的时候，妈妈都会教我们吃饭以前要洗手；到了学校，老师也会对我们说："同学们，吃饭前要洗手。"可我们平时去的餐厅，却鲜见洗手池。其实，一个洗手池顶多占 1.5 平方米的面积，可是在餐厅里却很少见。餐厅里有的只是洗手间，而洗手间首先是个如厕的地方，不是专门供客人洗手的地方，所以，也很少有人在餐厅的洗手间里洗手。大家到了餐厅，基本上都是往椅子上一坐，不洗手就直接用餐了。如果餐厅在大厅中间有个洗手池，那就完全不一样了，大家都会到洗手池前洗完手再用餐。

一个企业要发展，就要不断用新的思想否定旧的思想，才能实现质的飞跃，而执行力强的员工会不断思考是否有更好的方法，不断提出流程改善建议，为企业的发展发挥自己的最大价值。

执行要点

用心去思考客户的需求，用心去解决客户的问题，真正以客户价值为中心，不断用新的思想否定旧的思想。